曙地拾跡 再現甬韻

宁波市海曙区档案馆　编

石峰辉敬署

西泠印社出版社

《曙地拾珍　再现甬韵》编委会

主　　任：齐海峰

副 主 任：纪亚峰　郑蔚蔚　钟亦鸣

执行主编：李本偰　王天杨

编　　委：周文娟　徐全文　黄伟萍　陶渊琼　俞伟锋

前　言

　　档案作为历史的见证者，翔实记录和展现了人类创造历史的奋斗足迹和光辉历程，凝结了丰富的历史、人文、传统等精神，是人类社会历史活动的原始记录。从古老的建筑遗址到近代的文献资料，从传统的手工艺品到现代的创意设计，每一份档案都是一段历史的缩影，都是社会发展的见证。它们或许默默无闻，但依然值得一代代档案人倾情守护。

　　海曙，作为甬江之畔的重要区域，她的历史至少可以追溯到4000至5000年前。据考古证明，在新石器时代，今天的海曙区洞桥镇潘家耷已经有人类活动踪迹。几千年来，一代代海曙人在这块土地上繁衍生息，耕耘劳作，创造着改天换地的奇迹，建设着美丽富饶的家园。海曙区各时期的档案是记录当时社会政治、经济、文化等活动的重要载体，这些历经岁月洗礼的档案能让海曙的历史变得更加丰满。海曙档案编研作品就是通过对档案的活化利用，让更多人了解和认识海曙，增加每一个海曙人的自信心和自豪感，自豪于这里的悠久历史，更自豪于这里的传承与创新。这份自豪，是海曙人的精神支柱，也是我们全面建设现代化滨海大都市卓越城区的动力源泉。

　　《曙地拾珍　再现甬韵》展示了海曙大地上各个历史时期形成的各类档案，以图文并茂的形式，生动地再现了海曙的历史风貌和丰厚底蕴。在编写过程中，我们尊重历史，尊重档案，注重档案的挖掘与整理，读者通过阅读，可以了解各个历史时期的海曙，更加深入地感知海曙这片充满魅力和活力的土地，感受海曙的精神与魅力。我们也倡议大家共同保护好散存在民间的珍贵档案，守护它们就是守护历史，就是守护民族的记忆和文化的根脉。

近年来，海曙区档案编研工作始终坚持以人民为中心的思想，秉持"大档案"观念，不仅立足馆藏，也放眼馆外，坚持"不求所有，但求所在"的原则，让各类档案"活"起来、"用"起来。通过编研开发讲述档案背后的故事，让千年海曙可触可感；通过编研作品发挥档案的资政育人、凝心聚力的作用，为海曙的发展提供有力的历史支撑和文化滋养；通过编研工作打通征集的渠道，增强"征、展、编、创"的良性互动，实现档案收集和服务之间的双向奔赴。

《曙地拾珍　再现甬韵》的编纂是对海曙历史与文化的一次深情回望，也是档案人对未来的一份美好期许。编者也希望通过这本书，聚焦档案工作的"四个好""两个服务"目标要求，进一步发挥档案见证历史、以史鉴今、启迪后人的作用，同时让更多的人了解档案的价值和意义，关注和关心档案工作。

目 录

"黑老虎"里说城墙

——明洪武五年（1372）宁波城砖拓片

拓片以墨拓为主，价值普遍较高，因此赝品充斥其间，鉴定难度较大，收藏者极易被造假者欺骗，故其俗称"黑老虎"。这张拓片所拓砖铭文为"明州卫洪武五年造"，拓自明洪武年间的宁波城砖。

城墙是冷兵器时代最为有效的防御措施之一，国内除极个别城市外，都曾建有城墙。宁波三江口一带最早出现的防御性质的城墙，可以追溯到1600多年前东晋时城西所筑的筱墙，然而据记载，筱墙仅仅是一段竹筋泥墙。宁波城真正意义上的城墙筑于唐代，在此之前的唐长庆元年（821），韩察从小溪迁明州至今天的三江口一带，筑起了一座城池，城周围420丈（约合1400米），城内为明州署。该城因与后建之城相比范围小得多，因此人们习惯称之为"子城"，而把后建城墙称为"罗城"。宁波市文物考古研究所在1973年对和义路渔浦门段城墙、1993年对东门口罗城遗址、1995年对宋代及元代市舶务城墙（来安门附近宋市舶务城门）的考古均证实了唐代宁波始建罗城的记载，并发现北宋及南宋时期明州（宁波）城共先后进行过两次大规模修筑的遗迹。

元代，朝廷诏毁天下城池，元代至正《四明续志》记载："郡城之废，垂六十余载，民居侵蚀，夷为垣途。"可见，明州（庆元）的子城和罗城也都未能幸免。元至正八年（1348），都元帅纳麟哈刺为防备方国珍复筑罗城。这一记载在东门口罗城遗址考古发掘中已得到证实。

明代，朱元璋在休宁人朱升"高筑墙，广积粮，缓称王"的建议

明洪武五年（1372）宁波城砖拓片

下，在全国兴起建城的热潮，宁波也不例外。史书记载："明洪武六年指挥冯林更新之，崇（祯）三之一浚东南及西三面之濠，十四年指挥李芳又增葺之。嘉靖三十五年守张正和重建瓮门敌楼大加缮修。"可见，明州（宁波）城墙在明代至少经历过三次大规模的增高及修葺。

清代是宁波历史上对城墙维修最频繁的一个朝代。清代最早一次对宁波城墙的维修始于顺治朝，"顺治十五年提督田雄重修雉堞"。此次属于小范围的维修，仅修复了一些在反清复明战斗中损坏的雉堞。之后康熙朝加紧了城市防御系统构建，"康熙十三年提督李显祖复广拓之。又于沿城外濠筑备城。二十四年、三十一年续加增葺"。备城只是城池之外相隔一定距离筑起的城外防线，其主要作用是提高主体城墙的防御能力，通常没有主城墙高，也没有主城墙建筑规整。此后，"雍正、乾隆、嘉庆、道光、咸丰、同治凡六次修缮屡有增拓"，"顺治至道光城凡八修"。由此可见，宁波城墙在清代累计至少有过十次不同规模的修缮。

清末，随着冷兵器时代的终止，城墙的功用也变得越来越不明显。求变思变的革命思想深入人心，城墙成了守旧和封建的代名词，而且它的存在也制约着城市的发展。1916年，孙中山在宁波视察时指出，要拆除城墙，加快城市建设步伐。加之1912年上海率先拆除城墙后，全国各地纷纷效仿，宁波也加入了拆城的行列。1924年东渡门率先被拆除，1927年开始大规模拆城，至1929年，除破旧的庆云楼和子城南城门外，雄立于三江口千年的宁波城墙被拆除。1958年8月，庆云楼被猛烈的台风刮塌拆除，除原子城的南城门（鼓楼）尚存外，宁波内外两座城已先后被拆除。

宁波拆除城墙时，当时的宁波有识之士每天在残壁断垣间寻找，找到了不少带有铭文的城砖。冯贞群先生《鄞城古甓录》、马廉先生《平妖集砖日记》中都有明代洪武年间铭文城砖的记载，而且马廉还记载"明州卫洪武五年造，此砖随处可得"。洪武纪年城砖的大量发现说明当年修筑城墙的范围之广，规模之大，且与明朝初年全国大修城墙的历史大背景，以及志书所载指挥冯林在洪武六年（1373）修筑宁波城都相吻合。当时还发现洪武七年（1374）的铭文城砖。这些恰好说明当年城砖需求量极大，在修建城墙的一年前，也就是洪武五年（1372）已经开始烧制城砖，为大规模扩建城墙做准备工作，而至完成修建宁波城墙，至少历时三年有余，这也弥补了史书的不足。

今天，即便是当年随处可见的明洪武五年（1372）铭文城砖，也是一块难求，而这张拓片正叙述着宁波城墙千年的历史变迁。

翰墨之间现学堂

——清宣统二年（1910）《西隅小学堂记》

　　手稿为清宣统二年（1910）二月，时任西隅小学堂校长李国磐撰写并亲书的《西隅第一初等小学堂记》，宽23.0厘米，高52.5厘米，全文用毛笔字写在红栏暗黄色宣纸上，其中，文前有文名占一列，文末有纪年和落款同占一列。共计15列，满列34个字。

　　此文首先追溯了宁波城中学堂的由来，继而谈及清道光十一年（1831）以来城中设立四所义学，以及创立西式教育西隅小学的经过和必然。书写娴熟流畅，灵动而不失章法，飘逸而不失雅致。除有一处文字略作修改外，通篇一气呵成，足显李国磐的文学功底和书法水准。

　　古代社会，"蒙养教育"主要由私塾、社学、义学承担。私塾由塾师个人包办。社学由官府公办，元代曾规定，五十家为一社，每社设学校一所，即为社学。明洪武八年（1375），朱元璋诏令各府、州、县设立社学，规定十五岁以下儿童要到社学去学习。社学主要招收蒙童，而后通过"童试"升入县、府、州学，生员考核不合格的则发还社学。宁波城西最早的社学可以追溯到明嘉靖年间，当时宁波社学尚为初创，分别在城东和城西各设一座社学。清代，蒙童的主要学习方式是义学。义学的基本内容与明代的社学无异，但办学方式有所改变。所谓"义学"，就是在官府的倡导下，由民间集资办学，或从义仓中拨一部分谷米作为办学经费，或由地方人士自愿捐助，或由众人分摊费用，因为带有公益性质，故称义学。

西隅第一初等小学堂记　稚才

四隅之有学起自明之社学而已明之制民年十五以上送社学读书制以何为肄初等之社学而信自明之

宣吾乡胶主于坊隅之审建嘉靖间又益以二曰甬东海曰城西隅西隅之亦兵燹相何学起久废而止废今歼建而止度今嘉靖立而两中泛坝未

造如明之所以所僅有五十一与朋考程简设其义塾譬于郡城之不为重学聖也乃诸于邑涤贵公

西隅去之所以道宅十一与朋考程简设义塾譬于郡城之不为重学聖也乃诸于邑涤贵公

极谢浏园治采用画制敷兴学重师之士绅以所阳素千年未尝凤此也

何寿西乡之广地而设西隅小学堂民之亥杨此也而席祸慎之于西隅其所自有姚苇西

三水农源于大雷山泾林村家嶷桃源诸浏蚴蜓曲折两入郧城昊秀之气之钟于西隅人也

一方里间身而就名子此盛自宋以来尝满甲弟相望君

雲足物为之记甚矣隅建之原因校基之海广谊舍之设置则详金而述于兹中苏不赖

宣统二年二月上澣邑人李国磐撰并书

手稿中提到的西隅第一初等小学堂，最早可以追溯到道光十一年（1831），江丙、江衡、江家进等共同向官府申请在城西创办义学，知县程璋同意所请，在火筒巷（今海曙区呼童街）星聚堂内创办城西黄岳义学。其与城东同仁义塾、城南柳汀义学、城北椿荫义学曾是宁波城内四大义庄学校之一。

　　据《鄞县通志》记载，黄岳义学办学经费由盐商款内抽给。至清末，受西方文化影响，朝廷变法图治，采用西式教育模式，创立新学堂。乡人士绅以"西隅不可无学堂"为由，再次要求对黄岳义学等学堂进行"教育改革"。

　　宁波城内很快在原有义学的基础上，改制后成立了四处新式学堂。而城西则选择在寿昌寺旧址上设立西隅小学。宁波城中寿昌寺有东寿昌和西寿昌之分。东寿昌在今城隍庙附近，旁有寿昌巷。西寿昌也称寿昌禅寺，初创于宋乾道五年（1169），是东寿昌寺的下院，宋嘉定十三年（1220）即毁于火。清宣统元年（1909）学堂建成，正式更名为西隅第一初等小学堂。一度聘任李国磐担任校长，此手稿正是李校长为建成不久的新学校撰写的。

　　据《李诗史先生家传》记载，李国磐（1866—1918）为宁波城内濠河李氏后人，谱讳佑贤，字诗史。国学生。家中有兄弟五人，排行第四。从小嗜学，曾就读于崇实书院。能作诗，常与陆廷黻之子陆澍咸相互唱和。李国磐年轻时就立志以所学教授乡人，在城西开设学堂，其门人有徐家光、徐正达、陈震枯等人。维新运动开始后，学堂停办，李国磐主持《博文报》，与梁启超所办的《新民报》相呼应，宣扬维新，影响深远。当时南洋公学招试天下，李国磐考入同文书院学习英文，也师从甬上耆老张让三（美翊）先生。此后，为创设鄞县教育会和劝学所奔波。曾任宁波城西西区学董、西隅学堂校长、宁波师范学堂监学等职。其学生知名者有乌人垚、姜绍祖、俞飞鹏等人。此后李国磐曾参与编撰《鄞县通志》，著有《赤堇山馆文存》四卷、《欧罗巴洲通史》《古春书屋诗文稿》等，译有《西洋历史》等。其子李康年（1898—1964）是著名宁波帮人物，曾用名李良康，号伯康。15岁进入宁波乾大昌纸号当学徒，1921年任宁波棉业交易所秘书。1925年到上海，任上海中国化学工业社总务科长。"九一八"事变后，参与筹办九厂国货临时联合商场。1933年中国国货公司成立，任经理。还创设了萃众制造厂，接办了鸿兴袜厂等。解放后，为上海第一届人民代表大会代表。

西隅第一初等小学堂是宁波由传统教育向西式教育转变的产物，虽然学校由义学改成了西式学校，但其仍沿用义学的原有教学力量，加之学校设施简陋、空间狭窄，受条件限制，生源极不稳定，有时仅有数名学生，最多时也仅有40名学生。学校终因发展困难、学生减少而关闭，留在了宁波教育史中。

此手稿记录了西隅小学堂的历史，而且此文也未见其他史料记载，加之为晚清宁波著名文人所撰和亲书，因此弥足珍贵。

诺贝尔奖出姚宅

——1918年中国银行姚传驹签名纸币

月湖整修于唐贞观十年（636），至今已有上千年的历史。南宋时，月湖开始修建亭台楼阁，其毗邻的天一阁乃亚洲最大的私人藏书阁，享誉全国，书香浓郁，为当时宁波文人墨客荟萃之地。月湖钟灵毓秀，孕育了诸多宁波的名门望族。这里曾有荷叶田田、古塔倒影婆娑的美景，是宁波最具江南风韵的地方之一。诺贝尔奖、共和国勋章获得者屠呦呦在读书期间曾居住于开明街26号月湖畔莲桥第的姚宅，前后达十年之久。

姚宅的主人，就是屠呦呦的外祖父姚传驹。姚传驹（1882—1935），又名姚咏白，鄞县城区（今海曙区开明街）人，民初财政专家。他出生于一个商人家庭，为家中次子，父亲姚吉甫思想开明，"谓今后中外商战之烈，非有学焉不足以竞胜，乃诏其哲嗣白昆季先后赴东留学。"早年浙江官费留学日本，毕业于日本庆应大学，并在日本加入同盟会。归国后任中华民国财政部税务调查专员、泉币司司长。1912年11月10日，任财政部佥事。1913年9月20日，代理财政部泉币司司长、赋税司司长，实授泉币司司长、财政部秘书、币制局处长。1919年7月，中国银行东三省分行改为长春分行，任行长，曾获北洋政府二、三、四等嘉禾勋章。1927年8月至10月，任财政部国库司司长。1933年4月，任全国财政讨论委员会秘书长。东三省沦陷前，任中国银行行长，兼任中华民国中央银行常务理事，曾提议国家银行私有化改革："筹设国家银

1918年中国银行哈尔滨地名版壹圆纸币

行，须先筹官股，办有成效后，再改商股。"曾任甬商总会代表，上海法科大学等大学教授。著有《纸币政策》《调查员姚传驹致财政部条陈》《呈大总统请改革弊制由》《上熊秉三先生希龄书》《财政大计划进行之次序》等。1934年任福建省政府顾问、福建省银行筹备主任。热心家乡慈善公益事业，先后担任宁波佛教孤儿院董事、宁波甲种商业学校董事等。1917年，宁波圆瑛大师发起筹建宁波佛教孤儿院，1919年2月，亲任沙门院长及董事会名誉董事长，兼施工学。据档案记载，该孤儿院自1918年至1948年间，收养孤儿1000人以上。为募集资金，相继在我国上海、香港和新加坡、曼谷等地成立董事会分会。时任东三省银行行长的姚传驹为董事会董事成员之一，诸多社会名流亲赴南洋等地募捐，留下了许多可歌可泣的故事。

这是一枚1918年中国银行哈尔滨地名版壹圆纸币，正面有姚传驹、冯耿光的签名，是中国银行早期的稀少品种之一。开明街本是彼时宁波最具有江南气息的地方之一，年幼的屠呦呦正逢时局动荡，举家搬入外公姚传驹家中。姚传驹的儿子姚庆三也是著名经济学家。在书香门第浸染中长大的屠呦呦长至16岁读女中时，不幸染上肺结核，这种病非常棘手，何况那时屠家经过战争洗礼已然不复往日光鲜，屠呦呦只能终止学业。经过调理，屠呦呦的身体逐渐好转，重获健康，这让屠呦呦对学医燃起了兴趣。

2015年10月，诺贝尔生理学或医学奖宣布当年得主为中国科学家屠呦呦，她是第一个获得诺贝尔奖的中国女性。这枚纸币见证了屠呦呦外公曾经的辉煌，也展现了人杰地灵的院士之乡——宁波的辉煌。

金融鼻祖典当行
——1920年宁波紫薇街兴源典当铺当票

　　金融业被誉为"百业之首"。在近代钱庄和银行出现之前，典当业是中国极其重要的金融业，是现代金融业的鼻祖。典当亦称当铺，是中国旧式收取押物进行放款的信用行业，以贫农、小生产者为主要对象，运用货币资本生息图利。

　　中国的典当业出现于南北朝时期的寺院中。寺院经营典当业为南北朝时期独有，也是典当业史上的一个特点。寺院出现典当业务后，相继经营典当业的有质库、柜坊、寄附铺、质舍。近代见有质栈、质店、质押、当局、分当、代当、走当、饷当、典当、按、押等。典当业起源于寺院并非偶然，因为寺院占有众多的房舍、土地、佃户，而且积聚大量的金银、货币，这是僧侣放债的基础。百姓因战争日益贫穷，当钱度日成为生活的需要，寺院为了壮大经济实力最早经营典当，于是典当业在寺院里悄然而生。质库形成于南齐，当时以库藏钱财供人质借。至隋、唐时期，宁波有质库设立，多由富豪之家开设，进行押物放款收息。南宋时除质库外，还出现了金银交引铺和具有中央银行性质的会子局。据宝庆《四明志》记载，当时明州（宁波）城内金银交引铺有6家。明代，民间经营兴起，质库演变为典当，成为高利贷性质的金融行业。清代，典当业进一步发展。清康熙时，为缓和社会矛盾，朝廷鼓励富室开设典当，户部颁布《则例》，规定每当缴纳税银二两半至五两不等，税收特别轻。到咸丰、同治年间，宁波因受太平天国运动等战事影响，典当业处于停闭状态。同治三年（1864）起，典当重新发展，典当铺逐年增设。同治十年（1871），鄞县城乡有典当23家。光绪三年（1877），仍沿旧制，鄞县城乡有23家典当，共解缴税银115两，另收杂费每当12千。1915年浙江省典业公会成立时，鄞县典当增至32家，其中城区21家，市郊农村11家，宁属其他各县（除定海县，包括今余姚、宁海两县）36家，共68家。1916年，袁世凯称帝。次年因张勋复辟，时局不宁，典卖日增，典当多有改组、增设，宁波府属各县新增11家。1918年，共有城乡典当79家。后因军阀混战，时局动荡，典当多有闭歇。1933年，宁波城乡典当从24家锐减至16家，其中新增5家，停业13家。宁波沦陷后的1942年，仅存典当11家。至1945年抗战胜利，原停业典当多有复业，1946年底，城区典当增至22家。1948年，残存下来的典当仅有10家，最后被迫全部停业。新中国成立后，宁波经济逐步恢复发展，但典当业不愿继续营业，典当职工为谋生计，组织生产自救性小押当，新立招牌或加注记号，向人民政府申请开业和复业的共24家，后批准15家，此为浙江全省所仅有。

1918年宁波府属各县典当业[①]

鄞县37家：

编号	牌号	经理人	地址
1	惠安	陆秉衡	灵桥门
2	丰长	余芷津	全家湾
3	同大	林漱香	小梁街
4	生泰	林希桓	诸衙街
5	裕成	李瑶辉	虹桥弄
6	臻和	汪泉源	醋务桥
7	兴源	童厚载	紫薇街
8	谦和	范锡卿	小尚书街
9	永源	王崇卿	郡庙侧
10	乾丰	姚吉甫	黑风弄
11	慎和	黄樵峰	石柱桥
12	赓裕	陈良甫	三角地

---

①宁波金融志编纂委员会：《宁波金融志》第一卷，中华书局，1996，第67页。

（续表）

编号	牌号	经理人	地址
13	泰赉	袁蕙亭	甘溪潭
14	崇馀	张云亭	新河头
15	瑞大	徐棣荪	黄栀花弄
16	豫源	凌进甫	杨柳道头
17	源大	沈心如	五河桥
18	复泰	陈孟栽	江北李家后门
19	慎泰	苏炳泉	何家弄
20	惠春	陆秉衡	引仙桥
21	源和	范锡卿	华桥弄
22	惠恒	吴介寿	新巷弄
23	宝顺	费樵峰	西门外
24	泰和	范锡卿	西门航船埠头
25	蚨源	徐鸣冈	姜山
26	寿祥	陈蓉馆	徐东埭
27	积善	史康寿	东乡史家湾
28	安泰	郑鲁璋	韩岭市
29	源源	张崇熙	邱隘
30	生大	王焕文	姜村
31	惠裕	吴介寿	梅墟
32	惠元	朱莽冠	五乡碶
33	汇泰	杨艺伯	南乡陡疊桥
34	馀泰	施学敏	栎社
35	恒庆	张鲁芗	鄞江桥
36	源来	黄祖益	横溪
37	慎昇	俞吉甫	集仕港

当铺收取当物，付给当物人收据，作为赎取当物的唯一凭证，此凭证就是"当票"。当铺对当票管理很严，专门刻版印制以防假冒。当票上面印有当铺名称、地址、抵押期限、抵押利率等内容，交当物人收执，到期凭此赎取当物。当物人如急需用钱，也可将当票售卖。当票上除印有上述固定内容外，还有手写的文字，有关当物名称、质量、数量、典当金额等内容。当票体采用本行业的特殊文字，这种文字被称为"当字"，只有当铺内部的人才能辨认，外行人很难辨识。其目的是防止第三者冒领，当铺通过询问对象形状及质典数字等，进行真伪辨别。另外，当铺有本店的特殊文字，可以作为本店的特色，这也是中国传统当票的特色。有的典当行也和钱庄商号一样，发有钱票，融

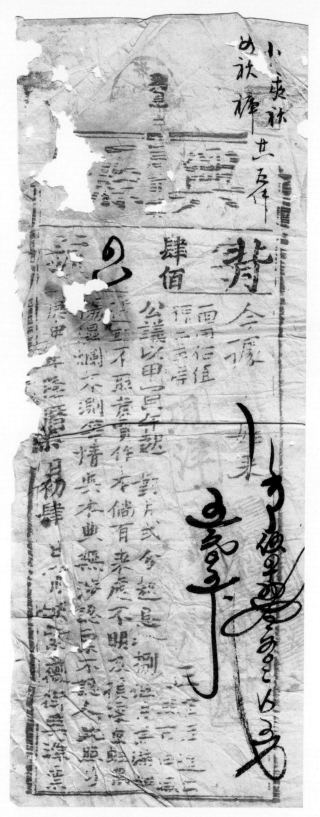

宁波紫薇街兴源典当当票

通资金。①

宁波钱庄业未兴起之前，宁波典当业曾长期霸居借贷领域。宁波典当业设"总上"一人，总理事务，由股东担任。职员分为内、外两部，外部有正看、副看、账房、票房、取房、牌房、衣房，内部有楼头、楼二、楼三、银房，各带学徒。正、副看为评定抵押品价格者，票房负责付予当票及银钱，取房为赎当时交付抵押品者，牌房给抵押品编号拴附，衣房将当入物品整理入库，楼头专司仓库内的各项事务，楼二、楼三辅之。宁波鄞县多数典当月利息为2分，质物期限为18个月。过期不赎称为"满当"，由典当号家自行处理。典当业资本一般不是很充足，平时周转往往不敷支出，大多依赖于钱庄业的调节。典当业也经营存款业务，以增加资本，弥补不足。②

①刘继辉：《第二届中国历代纸币展图集》，中国书店，2015，第58页。

②鄞县地方志编纂委员会：《鄞县志》第一册，中华书局，1996，第815页。

宝鼎罐头名天下

——1922年如生罐头厂入股收据

提起宁波的民族工业历史，就不能不说民国时期的如生罐头食品厂。其始办人是章林生，字舲生，从小学习刻苦，爱好钻研，后去上海。1912年，由章林生发起，集资6000元，在上海汉口路河南路口的大英药房原址创设了大陆药房，后迁至河南路120号。但药店营业销路没打开，资金周转困难，难以维持，合伙人先后退出，章林生便邀中法药房协理范和甫合伙，范善于经营，业绩始渐好转。章林生虽不善经营，但有敏锐的眼光和创新精神。他见市场上进口化妆品生意好，便反复调制，创制出一款嫩面雅霜，一经上市，便获得女性青睐和认可，也获利不少。他发迹后，常体恤孤寡，乐善好施，热心家乡公益事业，曾出资捐助鄞西学校、山下庄道路、华美医院等。大陆药房逐渐由范和甫主持业务，于是，章林生便把药房作价4万元转让给了范和甫，自己又在福建路开设章林记香精行，制造与雅霜相似的化妆品并销售。因消费者习惯了原产品，致使新产品难以被市场接受，他的这次创业以失败而告终。

章林生敏锐地发现宁波西乡的四明山盛产毛竹，每当冬季，冬笋大量上市，味道鲜美，是身在他乡的游子对家乡味道最美好的回忆和念想。而竹笋多生长在山间，上海这样的大都市并不适合种植，于是，他抓住这一商机，再次创业。1918年，章林生和余姚人赵宇椿一起，在鄞西凤岙的一座庙里创办了笋厂，试制新鲜冬笋罐头和油焖冬笋罐头，这也是国内生产油焖笋罐头的起始。产品在上海试销后，立即受到市场追捧，特别是在外宁波人的喜爱，供不应求。考虑到凤岙偏居鄞西，交通不便，场地狭小，对扩大生产和运输有诸多不便。1920年，章林生与陈如馨共同集资两万元，在西门外闸桥头（今马园）的三面环河半岛上开办工厂，由陈如馨任厂长，并以其名字为谐音，命名为如生笋厂，该厂也是我国创办最早的罐头加工生产厂之一。1922年，该厂增资后更名为宁波如生罐头鲜笋厂。股东赵宇椿专程去日本考察罐头生产技术，回国后，将原来的焊锡罐听改进为橡皮听封罐，提高了罐头质量。1923年7月15日，成功申请注册宝鼎牌商标。企业也进入快速发展期。

如生厂先后在余姚开设了两个分厂，还在上海开设了如生罐头食品厂。为拓宽销路，开拓中南市场，1931年，在武汉设立销售机构。工厂除生产清汁笋和油焖笋外，还研制出油焖大头菜、清汁大头菜、精盐雪菜、余姚干菜、煎咸带鱼、红烧猪脚蹄、清汤蛏、炸鳝丝、糖水杨梅、茄汁黄豆羊肉等新产品，生产的罐头食品涵盖了水果、蔬菜、海鲜、肉类等种类，产品畅销国内外，最高年产量达120万罐，成为罐头食品行业的龙头企业。所生产的产品在国内、国际各类展会上屡获佳绩。1926年，在美国费城举办的世界工业产品博览会上，宝鼎牌油焖冬笋荣获特等奖。1927年，在德国莱比锡举办的世界博览会上，宝鼎牌清水蘑菇荣获金奖。1928年中华国货展览会、1930年西湖博览会上，宝鼎牌罐头产品也获得了金奖。

随着抗战爆发，如生厂进入低谷期，罐头销量从120万罐锐减至30万罐。1942年，被迫关闭余姚分厂。宁波沦陷后，工厂里一部分机器和全部奖章被日本人抢走，企业一度停顿。抗战胜利后，虽然企业重新恢复生产，但美国进口罐头以低廉的价格抢占市场，当时两听美国罐头比如生厂一个空罐子还要便宜，致使如生厂大量产品滞销，仅靠美国罐头所没有的油焖笋艰难维持。新中国成立初期，如生厂曾因马口铁进口遭遇封锁而停工。1956年，如生厂与包德竹笋厂、生生淀粉厂合并，改称宁波罐头食品厂。全国罐头会议召开后，工厂接下了大

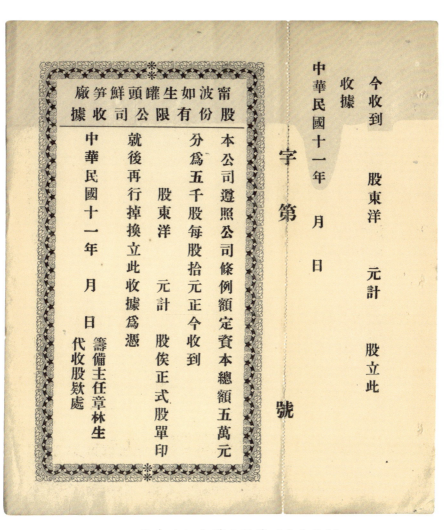

甯波如生罐頭鮮笋廠股份有限公司收據

中華民國十一年　月　日

收據

今收到

股東洋　　元計　股立此

字第　　號

本公司遵照公司條例額定資本總額五萬元

分爲五千股每股拾元正今收到

股東洋　　元計　股俟正式股單印

就後再行掉換立此收據爲憑

中華民國十一年　月　日

籌備主任章林生

代收股欵處

1922年宁波如生罐头鲜笋厂空白收据

批国内外订单，产品和产量都远超过去，一度是宁波的知名企业。此后，在企业改制的大形势下，企业于1994年并入银亿集团。

这张空白收据是1922年油焖笋罐头的创制者章林生和陈和馨一起创办的工厂由创业初期的两万元增资到五万元，并更名为宁波如生罐头鲜笋厂时，股东入股出资后的收据，是宁波当时民族企业如生罐头鲜笋厂的重要史料档案。

扶危济困总商会

——1926年宁波总商会华章账簿

　　清光绪三十一年（1905），绅商王月亭、吴葭窗、汤仲盘等发起组织，成立宁波商务总会。宁波商会的会址一直以租借为主，1927年才在海曙区苍水街193号兴建会所，1928年6月竣工，当时的宁波商会是全省规模最大、影响最大的绅商聚集之地。1998年中山广场改建时，宁波商会会所大多已被拆毁，现只保留着宁波商会的聚会场所——花厅，和一座宁波商会的碑亭及碑记全文，还有商会前的假山和树木，但她仍然记载着宁波商会的百年变迁，永远是宁波工商业界的骄傲。在此之前，作为五口通商口岸之一的宁波，早已是我国东南沿海的一个重要商埠，商业相当发达，民间已有公所或会馆等类型的行业组织。商务总会实行业董制，设总理、协理、议董、业董。初始议董以上都由有官衔的绅商充任，业董由各业领袖担任。总理、协理、议董、业董需经地方官府委任，经费由各业捐助。钱业在当时宁波商界实力雄厚，号称百业之首，故钱业一直在商务总会、总商会中占据举足轻重的地位。其次，典当业，其代表也有一定地位。

　　宁波商务总会第一任总理吴葭窗，系乾丰钱庄经理，常参与地方事务，人称"仁厚长老"，上通官府，下达群商，连任两届。第三任总理郑谔笙，先后从事猪行、纸业，被推为行业领袖。猪行、螺铺行等业多聘其为公行先生，在商界有一定声望。第四任总理余芷津，系慎丰钱庄经理。当时入会者一般为大业大户，而由公行先生（此为宁波商业的特殊制度。在封建社会，商贾为竞利垄断，组织同业，有利均沾，有害共御。而商贾与官更较难接近，所以往往聘请一二绅矜为背景，代达衷情，互通声气，此一二绅矜便是"公行先生"）代理出席者，则不乏其人。因此，商会会董以半绅半商的人物居多，特别会董更非地方巨商大贾或绅矜莫属。当时，商务总会的工作职责主要是协助官府处理商事，如商人间纠纷，诉之官府前一般先由商会调停，再如代缴各业捐税与代领佣金。所以，当时商务总会虽为工商团体组织，实为官商合办性质。宁波商务总会成立后，宁波府属奉化、慈溪镇海、象山、定海各县及柴桥石浦等镇，依宁波例，先后组织商务会。这些商务会虽与宁波商务总会没有统属关系，但在实际工作中，都唯宁波商务总会马首是瞻。

1912年，国民政府工商部召开"工商会议"，通过并公布《商会法》。1916年，奉民国政府工商部令改宁波商务总会为宁波总商会，总理亦改称会长。各县、各镇商会也相继改正名称。那时商会设施初具规模，亟需征求商会注册字样，钉在店门上端，以资识别。1919年，会员发展到634人。宁波总商会第一任会长费绍冠，初任源丰顺银号经理，后任四明银行经理。他热心社会公益事业，辛亥革命时曾参加保安会，宁波光复后，曾以商务总会总董身份担任宁波军政分府财政部副部长，1916年成为改名后的宁波总商会首任会长。第二任会长屠鸿规，系钜康钱庄经理，副会长为当业代表袁端甫。第三任会长孔馥初，系升大北号经理，副会长为典当业代表林琴香。第四任会长俞佐廷，系天益钱庄总经理，副会长袁端甫。第五任会长袁端甫，副会长为仁和钱庄经理陆卓人。第六任会长陈南琴，系中国银行经理，副会长林琴香。第七任会长林琴香，副会长为元益钱庄经理俞佐宸。

1927年5月宁波设市后，宁波总商会隶属于宁波市政府，改名为宁波市商会。依照定章，改为委员制。第一届委员会主席为俞佐廷，另选陈南琴、孙性之（瑞丰钱庄经理）、陈如馨（如生罐头厂经理）、毛稼生（棉业交易所常务理事）等为常务委员。坐办改称秘书，由王叔云担任。在国民党宁波市党部指导下，宁波市商会作为民众团体开展工作。1929年8月，国民政府颁布《商会法》，规定"商会以图谋工商业及对外贸易之发展，增进工商业公共之福利为宗旨"。

1941年4月宁波沦陷后，宁波市商会停止活动。不久在日本人授意下，袁端甫、郭逸民、刘镇泰组织"鄞县乡镇联合会"。郭逸民还出面筹组宁波商会（伪宁波商会），在中山东路裘卫生堂药店原址开会。推选郭逸民、王礼嘉、包正芳、曹国香、张保康、范正权、洪中民七人为筹务委员，郭逸民为筹务主任。同年7月，伪宁波商会成立，以毛稼生为主席委员，范笑斋、李贤钊为副主席委员，吕瑞棠为秘书。1943年秋，毛稼生被迫辞职，袁端甫继任主席，郭逸民任常委，主持会务。后来袁端甫任鄞县伪县长，仍然兼任商会的挂名主席，直到抗战胜利，伪商会瓦解。

1945年9月，抗战胜利后，宁波市商会恢复活动。1946年2月，召开战后第一次商会会员代表大会，宁波市商会改委员制为理事制，周大烈任理事长。次年3月起，朱维官、周大烈、俞佐宸先后担任理事长职务。

解放前夕，宁波市商会负责人中的进步人士接受中国共产党四明山组织联络，由金臻庠、沈曼卿、柳璋等主持商会，秘密派人与中共鄞西四明山地方政权和武装力量取得联系，并接受党布置的三项任务：严密监视国民党政府逃离前的动向和重要工厂企业的动向，并及时报告；迅速改组商会中的自卫救济委员会，掌握该组织的所有财产；组织力量，及时做好迎接解放的各项准备工作。金、沈等人根据党的部署和要求，暗中立即做好各方面准备工作。当时商会出面组织义勇警察（其成员多数为商店职工和救火员）编成治安大队，分布在市区巡逻值勤。宁波市商会为预防溃兵扰乱社会，准备应变资金，公开以"救济米"方式向市区各厂商募集。当时在钱庄中筹集黄金110两，在绸布店和百货店中筹集银圆3000元，以备急需（后宁波和平解放，所得款项全部归还原主）。1949年5月23日，余姚县解放。宁波商会组织戴着"治安纠察队"臂章的义勇警察手持木棍，四处巡逻，使市区在解放过程中没有受到抢劫和破坏。

1949年5月25日，宁波解放。9月15日，为处理国民党飞机轰炸宁波后的善后工作，在市军管会领导下，以宁波市商会为主，各慈善机

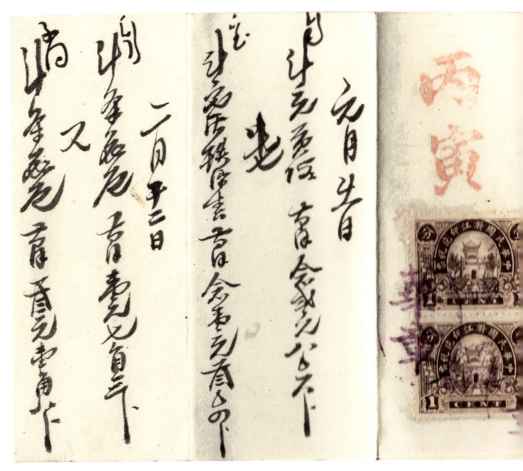

1926年华章绸缎洋货庄的账簿

构参加的宁波各界善后临时救济委员会成立，后扩大为宁波市遭匪机轰炸善后救济委员会，苏展为主任，钱铭歧、金臻庠、俞佐宸为副主任。随后金臻庠赴沪募捐，短期内宁波市商会向各同业公会发出关于庆祝中国人民政治协商会议召开和中央人民政府成立的通知。1949年底，宁波市商会活动宣告结束。

　　此份1926年华章绸缎洋货庄的账簿，密密麻麻地记录了此庄当年销售的货物及其价格，对于研究当时的经济和文化具有重要意义。值得注意的是，此账簿上贴有国民政府发行的印花税票，税票上面盖有

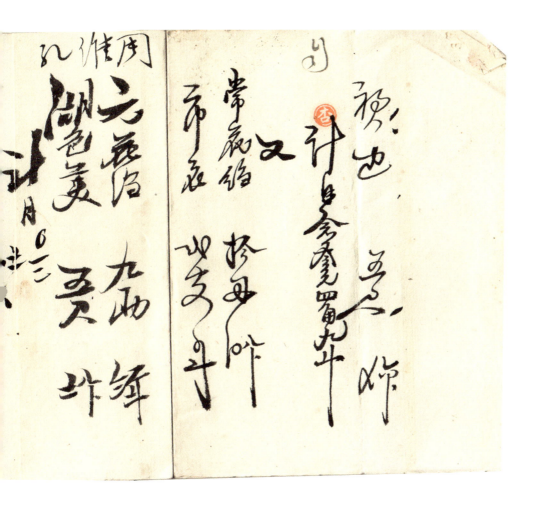

醒目的"宁波总商会"印章。说明当年的账簿曾在国民政府相关部门备案，以备核查。宁波总商会也认可后才会盖章。绸业同业公会是宁波总商会领导下的同业组织，是商会的团体会员。宁波总商会的职责之一，就是为各会员抗争政府部门的苛捐杂税，保证应缴纳税款的合理性。在税票上面盖章，可以有双重保障。此账簿默默地诉说着各大小商户在宁波总商会的领导下，抵制政府苛捐杂税，并通过各种方式，在抚恤贫民、救济灾民等方面做出了不可磨灭的贡献。

弃官从教张寿镛

——1928年国民政府财政部金融长期公债票

张寿镛（1876—1945），字伯颂，号泳霓，别号约园，1876年（清光绪二年）6月20日出生在鄞县县城呼童街（现海曙区呼童街），是著名财政专家、爱国教育家、藏书家、文献学家。

张寿镛幼承庭训，自幼受到良好的教育熏陶，清光绪二十三年（1897）张寿镛考取秀才，光绪二十九年（1903）中举，次年走上仕途，走进人生的第一界——政界。1912年起，张寿镛先后担任上海货物税所所长，以及浙江、湖北、山东、上海、江苏等省的财政厅厅长或次长，为官清廉，政绩显著，其中最著名的当属整顿湖北财政一事。

当时湖北财政厅厅长一直说湖北财政状况不佳，主要原因是官场风气混沌，又恰逢军阀混战，当地财政官员整改无效，政府不得已，抽调整理浙江财政卓有成效的张寿镛前往。张寿镛去往湖北前，先后拜见了解情况的官员，请教整顿湖北财政的意见。到任后不久，张寿镛一针见血地指出当地财政问题，并撤换原财政厅四分之三的人员，严厉整顿官场风气，大快人心。更重要的是，张寿镛经过深入细致的调查研究，写下了《考察湖北土宜，振兴实业办法》一文，从开垦、种植、制造、开采四方面入手，提出了通盘改善湖北财政的方案。他还令各部门整理税务意见书，撰写《理财牍稿》，扭转湖北财政的艰难局面，力挽狂澜的能力令人称赞。

1925年5月，上海爆发了震惊中外的"五卅惨案"。圣约翰大学是美国圣公会创办的一所教会大学，建校以来，该校的旗杆上一直飘扬着美国的星条旗。5月3日上午，圣约翰学生聚集在图书馆前，升起中国国旗，并降半旗，为惨遭屠杀的五卅烈士志哀。外籍校长闻声赶来，扯下中国国旗，踩在脚下，当场宣布学校即日起放暑假，勒令学生们立即离校。圣约翰学生群情激愤，集体宣布离校，许多爱国教职员工也纷纷响应。时任北洋政府淞沪道尹的张寿镛努力保护青年与爱国志士，维护社会秩序，保护工会权利及工人领袖安全。他以淞沪道尹的身份与英国帝国主义租界当局进行交涉，处理善后，同时应圣约翰大学大批离校的师生员工要求，立即着手筹办光华大学，得到了时任外交部浙江交涉员和淞沪督办的王省三等人的热心支持。光华大学的校名直接体现了张寿镛等大学创办者复兴中华、反对列强的宏愿和光大中华民族的精神。

抗战时期，光华大学以学术救国为己任，坚持孤岛与大后方同时办学，张寿镛本着"光华大学虽为避难分设入川，然亦正可藉此在川留一永久纪念以谢川人"之心，更希望"既有上海光华大学造就东南学子，又有成都光华大学造就西南学子，将来扬子江上下游两部毕业同学合力报效国家社会，东西辉映"，委托当时商学院院长谢霖筹办光华大学成都分部，后来又亲自到成都视察学校，可谓胸怀家国。

张寿镛的晚年，除办学之外，可用一个字来概括，即"书"字：读书，著书，编刻《四明丛书》，替国家购书，整理个人藏书。办学，实际上就是让青年有地方安心读书。

编纂《四明丛书》，是张寿镛对浙江文献事业的最大贡献。这部丛书搜集之广，卷帙之繁，是全国乡邦文献中所罕见的。丛书中的每一册都有张寿镛所撰的序或跋。张寿镛在抗战时期还有一个重要贡献——他与暨南大学校长何炳松、教授郑振铎和藏书家徐森玉等，在上海抢救沦陷区流失的古籍。从1940年初到1941年底，共收购珍贵古籍1.5万部左右。这是祖国的文化瑰宝，经他们抢救，大量古籍得以避免被日本侵略者掠夺或炮火所毁，或流失海外。1952年，张寿镛将4万余册藏书以师母蔡瑛的名义，全部捐献国家，受到中央人民政府文化部的褒扬。

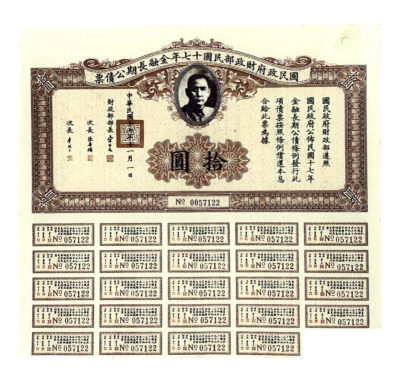

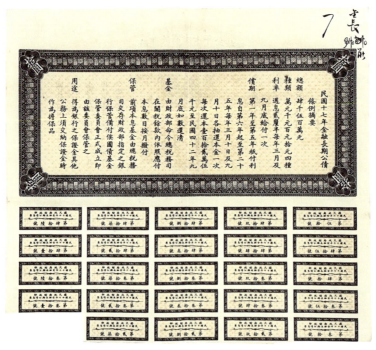

1928年国民政府财政部发行的金融长期公债票

张寿镛用自己的一生诠释着他向光华学子提出的"格致诚正，修齐治平"的寄托，尽心尽力为官，孜孜不倦办学，心如止水藏书，70载光阴，他横跨政界、教育界、文学界，给自己的一生书写了一篇华章。

这是一枚1928年国民政府财政部发行的金融长期公债票，票上有财政次长张寿镛的签名和盖章，弥足珍贵。

南京国民政府成立后，蒋介石看中张寿镛在江浙财团和上海金融界的威望，通过"阿德哥"虞洽卿邀他商谈，欲以江、浙两地财政相属。他再三推辞，最终还是以江苏省政务委员兼财政厅厅长任事。张寿镛曾寄希望于国民党，在财政上确实也为蒋介石解过燃眉之急，特别是在蒋与北洋军阀的混战中，以江苏财政厅独力承担国民革命军的全部军饷，助蒋全歼孙传芳主力，为蒋最终完成形式上的中国统一做出了巨大贡献。此后，他在财政部屡任要职，可最终发现打倒旧军阀却迎来了新军阀，他曾经幻想国民党会使中国安定富裕起来，可现实情况是中国各地烽烟四起，民不聊生。"藏富于民"的经济理想根本无从实现，唯余"茫茫三十年，不堪回首顾"之空叹。1932年，张寿镛毅然辞去一切政务，自此誓不做官。这枚公债票是张寿镛在政界经历的见证，也是他无法实现经济理想，转而走向教育界的缩影。

水乡风貌不曾改

——1930年花果园庙旧影

　　清末，日本向中国派出众多"探险家"和"学者"，深入中国各地，收集天文、地理、历史等各方面资料，开展深入调查，绘制详细地图，同时，通过各种途径向国内介绍中国的情况，唤起民众对中国的关心，继而为下一步侵略中国创造条件。《亚东印画辑》便是在这样的历史背景下印制的。其由日本"满蒙印画协会"于1924年9月开始在大连出版发行。每月刊登照片十张，每张照片旁都贴有一张说明文字，内容涉及中国、朝鲜、蒙古等地的民俗风情、自然风光、人文历史等内容。至1942年，连续发行19年，共15辑，含照片2000多张。

　　宁波自唐末遣唐使开通日本到宁波的航行后，就成为与日本交流往来最为频繁的重要港口城市，《亚东印画辑》中自然也有不少宁波的照片。这张被称为《水乡的庙》的照片，就属于72期中的一张。其隶属于第五辑，拍摄于1930年7月前。

　　整张照片有一定的俯视角度。首先映入眼帘的是一幅水乡风情，照片左侧的一个戏台建在河面之上，占据了大半个河面，河边停泊着几只船，近景处的船上装满货物，河两岸各有一条小路通向远方。戏台后和隔岸都有路廊，尤其照片右侧的路廊更高大，其面向戏台，弯曲的牛腿显示着这座路廊制作精良，路廊内侧隐约可见庙宇的一扇大门，门口有一对石兽。照片的远处还能看到一座低矮的小平桥。

　　据考证，这张照片拍摄于今天的月湖景区内，拍摄者站在月湖

《水乡的庙》照片

桥上，自南向北，自上而下拍摄。旧影中的戏台在月湖东区整治前已经被毁，戏台后的小路就是原环绕月岛小路的东侧一段，今天，月岛已改为公园，小路不存，但戏台已按宁波当地建筑风格重建，恢复了早年的模样。戏台相对的路廊保存至今，穿廊而过的小路即花果园巷，现也已恢复为石板路，古风依然。路廊右侧的大门即花果园庙正门，此庙至今尚存，现存主体建筑坐东朝西，重建于清乾隆四十六年（1781），由过街廊、台门、正殿等组成。1999年被列为宁波市市级文保点。据史料记载，庙原是南宋宰相史浩果园中的一个小庙，祭祀园中的土地神。南宋建炎年间，宋将杜恺护送宋高宗到宁波，曾在此小住养病，庙内原有两头来自安南（今越南）的异兽，似羊又似马，一直伴随将军左右，将军亡故后，异兽也死了，合葬在鄞东的太白山。后来，宁波发生了一场瘟疫，将军和异兽一起显灵，共同遏制了病毒的传播。民众为了感谢他，便把杜将军住过的花果园庙改成祭祀杜将军的神庙，异兽也被雕刻成石像，放在庙门外两侧，守护着将军。还在庙的河对岸建了一座专供庙神观看的戏台，每次演出，民众或坐在河中的船上，或坐在岸边的路廊里，异常热闹。照片远处的那座小桥称为古问字桥，为有栏石平桥，是明尚书张时彻改湖心寺为书院时所建，至今仍存。宁波旧时城内河网纵横，人们枕河而居，依水而生，营造了特有的水乡建筑风情，而花果园庙周边的景致正是宁波旧时城市的一个缩影。

今天，我们站在月湖桥上向北而望，将此照与眼前的景致相比较，会发现百年时光如白驹过隙，宁波城市已发生了沧海桑田般的变化，而这一带的景致经过月湖整治时的维修复建，基本还原了当年的模样，保留和复原了宁波旧时城市的局部，也属难得。

这张照片记录了当时宁波的历史风貌，具有很高的史料价值。

宁波江厦冠天下

——1930年江厦街旧影

　　江厦街一度是宁波钱庄业的汇聚之地。据《宁波金融志》记载，明万历年间，宁波已然成为东南沿海一大都市。时虽有海禁，但走私不断，市易繁荣，各业鼎盛。清乾隆十五年（1750）以后的100多年间，是宁波钱庄业的鼎盛时期，钱庄集中开设在江厦（今海曙）一带。清乾隆三十五年至五十三年（1770—1788），该处连续三次大火，原有房屋几度重建，商号多有变迁，钱庄业资本雄厚，实力强大，因而滨江列屋日益为钱庄所为。光绪《鄞县志》记："鄞之商贾，聚于甬江，嘉道以来，云集辐辏……转运既灵，市易愈广，滨江列屋皆钱肆矣。"随后乃有钱行街的名称。旧时江厦之所以有名，实是占尽甬城地利，街处三江口，车马舟楫皆利。唐大历元年（766），县移治三江口。长庆元年（821），明州刺史韩察在三江口筑明州城，始建宁波子城。此后历宋、元、明清诸朝，商贸日趋发达，海曙的江厦街区曾建有古造船厂，设有市舶司和来远亭，宋代已成浙东货物主要集散地和对外贸易港口，江边码头桅樯如林，江岸街上店铺鳞次栉比，来自日本、高丽（今朝鲜）、阇婆（今属印度尼西亚）、真里富（今属柬埔寨）、占城（今属越南）、暹罗（今泰国）、大食（阿拉伯）等国家和地区的船舶商贾云集于此。时钱行街有钱庄60家。

　　清咸丰十一年十二月九日（1862年1月8日），太平军攻克宁波，滨江庙钱业公所被毁，钱庄、商铺多有停业。在此期间，富室携资避居

1930年江厦街旧影

上海租界，各业不振，市面衰落。次年五月十日，英、法联军和清军攻占宁波。太平军退出后，有士绅陈禹门者倡议，各业人欠欠人一律以三三折压低筹码，清偿债务，恢复营业，宁波市况一度振兴。同治三年（1864）在钱业同业公会的努力下，滨江庙恢复了钱业市场，并重新修订了钱业规则。所以宁波有记载的系统的钱业活动均由此开始。当时有钱庄和源、恒丰、养和等36家，其余33家未留下名称。这36家钱庄是指参加钱业同业公会的大同行钱庄，不包括小同行钱庄与现兑钱庄。同治五年（1866）新开设祥源、义生等3家。次年又设谦尊、永康等4家，其他历年有添设也有闭歇。到宣统末年，有大小同行六七十家。36家大同行大部分集中在海曙江厦街，因此江厦街又被称为钱行街。如果以平均每家大同行资产规模30万元估算，那么江厦一地在19世纪六七十年代所拥有的财富总量在1000万元，当时的中国还没有另外一个地方在如此短促的一条街道集中有如此多的财富。宁波谚语"走遍天下，不如宁波江厦"，就是指宁波钱庄业在当时全国金融业中的地位。近代以前，中国没有金融中心，因为不存在连接全国的金融网络与金融体系。但从一个城市的金融规模与金融资源来说，在彼时经济背景下也可以勉力为之。在票号的大本营天津，也不存在密集的票号活动现象。江厦街在当时是由三条街延伸而来的。先是糖行街，中间是钱行街（双街），再后是半边（鱼行）街。相当于今新江桥堍到灵桥，长500米左右。江厦之名，源自宋时三江口建有江下寺，因"下"与"厦"谐音，故称江厦，泛指现海曙区东门口一带。江厦街得名较晚，1929年，宁波市政府将原半边街、双街、钱行街、糖行街4条小街拆直拓宽成一条街，正式定名为江厦街。江厦街，是宁波这座城市的标志和骄傲。沿着三江口新江桥的桥脚往南走，一边是波光粼粼的奉化江，另一边则是青砖黑瓦马头墙的百业店铺。最出名的是中间那段百来米长的江边小街，几乎每隔几步就能见到一家钱庄，实力雄厚的有益康钱庄、瑞康钱庄、泰源钱庄、衍源钱庄、敦裕钱庄等，大大小小共计60多家。后来又有沪上金融巨子宁波人秦润卿主事的中国垦业银行等诸多银行也在这里开设了分行，1932年的鄞县《营业税征信录》记载这里的银行分布情况，江厦街11家，钱行街17家，糖行街32家，双街2

家，宫前4家，宫后10家，共有76家之多。而其中42家大同行钱庄除元祥设于江东百丈街外，都在江厦一带。另据1947年《四明电话公司电话号簿》载：登记电话号码的钱庄49家，江厦街就有25家之多；银行17家，其中江厦街6家。因此，江厦街顺理成章地成为旧时金融业的大本营，被世人赞誉为东方的"华尔街"。江厦街的金融业曾名闻遐迩，这里是宁波最繁华、最热闹、最富庶之地。金融是经济发展的血液，宁波钱庄广泛向工商企业投资，在支持工商实业发展的同时，也获得自身的发展。

这张照片拍摄于1930年，属于《亚东印画辑》第72回的一张。照片所拍是当时的江厦街北段大道头附近一景，近百年流传下来的宁波实景照片，殊为难得。照片左侧据仇柏年老师考证为新新泰玻璃店，创建于1927年。在照片上，可以看到江厦街人头攒动，有衣着华丽悠闲走路的老板，也有匆匆而过的普通工人，街道上房屋密集，电网通达，依稀可以看到当年这一带繁盛的景象。

百年名校育人才
——1931年鄞县私立效实中学毕业证书

　　鸦片战争前，海曙的社会阶层主要有官僚、士绅、地主、自耕农和佃农。战后产生了资产阶级和工人阶级。资产阶级包括资产雄厚、政治地位超然的外国资产阶级和在民族工业的夹缝中生存的民族资产阶级。工人阶级自一产生就受到资产阶级的压迫，为以后共产主义在境内的传播创造了先机。据记载，宋代罪俘后人被称为堕民，又称惰民，明代确定户籍时被定为"丐门"。清代，海曙堕民聚居于城西盘结坊（今伴吉巷）一带，不与其他居民杂居，且不得从事士农工商四民职业。男子多以捕蛙、锻铁、驱鬼为业，妇女多以做媒、串珠花、给新娘梳头等为业。堕民住房简陋，不许捐官，不得与良民通婚，不能读书参加科举，必须穿独特的服饰。尽管雍正、乾隆时期曾多次下令允许堕民削籍改业，但堕民改业无门。到了清光绪三十年（1904），卢洪昶、高振霄等十人联合上书，请求捐建堕民学校、收教堕民、削除贱籍，得到皇帝许可，海曙两万余户堕民自此除去贱籍，得以翻身。次年，卢洪昶、陈训正等在西门盘结坊创办了育德初等农工学堂（今海曙区效实中学的前身），成为省内第一所堕民子弟学校。

　　1912年2月3日，效实学会成立，公推李霞城为会长，陈季屏为教育部部长兼校长，蔡琴孙为财务部部长，主管募集学校经费，陈谦夫为干事，筹备开学事宜。效实中学假鄞县西门盘结坊旧育德农工小学堂旧址为校舍，以镇海小港李氏创设的益智学堂移赠的校具，以及学会会员之捐款和学费维持，于1912年3月7日开学，学生62人。1917年，上海复旦大学和圣约翰大学与效实中学订约，凡效实中学毕业生皆可免试，直接保送入学。1937年，抗战全面爆发，学校迁往狭县高桥。1938年，学校在上海牛庄路设上海分校。1941年4月19日，宁波被日军占领，学校解散停办。1941年8月，蔡曾祜（箴五）先生连同其他原学校人士组建求实学社，以高中教育为主，代行教育。1942年，上海分校改称储能中学。1945年，蔡曾祜（箴五）先生由求实学社教务主任代理校务，主持复校及接收求实学社事宜。1945年10月25日，复校开学，此后便以此日为宁波效实中学校庆纪念日。1956年，学校由私立改为公立，并更名为宁波第五中学。1959年，学校被列为浙江省重点中学。1980年，学校恢复原名宁波效实中学。1981年，学校被批准为浙江省首批重点中学。1991年秋，创办宁波外国语学校，两校实行"两块牌子，一套班子"的制度，且宁波外国语学校挂靠于宁波效实中学校舍内。1995年，学校被确认为浙江省一级重点中学。1998年秋，宁波效实中学初中部停办，宁波外国语学校的编制保持不变。1999年秋，学校迁入新校区。1999年，浙江省教育厅批准举办"浙江省创新教育理科实验班"。2000年，宁波外国语学校实行民办机制运行并在宁波效实中学内过渡。2004年，原效实中学高中所辖"国际部"取消编制划入宁波外国语学校编制内，称宁波外国语学校高中部。2005年，"浙江省创新教育理科实验班"停办。2005年9月，随着宁波外国语学校新校舍的建成，宁波外国语学校结束与效实中学共办的历史，学生和教师迁往新校舍。2007年9月28日，宁波效实中学东钱湖分校落成。2009年，宁波外国语学校办学体制由国有民办体制调整为公办，并搬迁到宁波效实中学东钱湖分校，与宁波效实中学东钱湖分校合并。

自创办以来，学校共培养了四万余名毕业生，遍布海内外，为振兴中华做出了贡献。其中有袁敦襄、沙文求、崔真吾、李侠民、陆如心、葛镇祥、张处让、陈忠良、林舜琴等十多位烈士，有获诺贝尔科学奖项的第一位中国本土科学家屠呦呦，有（以生年为序）纪育沣、童第周、李庆逵、翁文波、鲍文奎、朱祖祥、徐祖耀、陈敬熊、戴传曾、童志鹏、陈中伟、毛用泽、陈肇元、周光耀、胡思得15位两院院士。

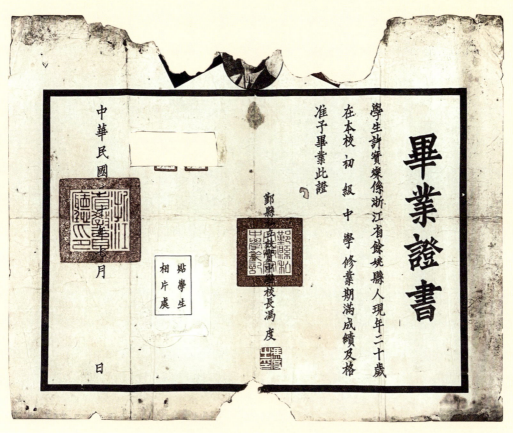

學生許寶燦係浙江省餘姚縣人現年二十歲

在本校初級中學修業期滿成績及格

准予畢業此證

畢業證書

中華民國　　　　年七月　　　日

鄞縣　　　　校長馮度

貼學生相片處

1931年效实中学颁发给学生许宝灿的初级中学毕业证书

　　这是一份1931年效实中学颁发给学生许宝灿的初级中学毕业证书，上面有浙江省教育厅和鄞县私立效实中学的大印及校长冯度的印章。可惜的是，由于年代久远，保存不善，加上近代有爱好者搜集印花税票，导致此枚证书残破不全。冯度先生从1927年春至1949年7月，担任效实中学校长长达23年之久，在那个特殊的战争动乱年代，一生为效实中学的发展、迁移、恢复而不辞辛劳，令人钦佩。

众心合力修危楼
——1934年《天一阁今昔观》

　　宁波文脉昌盛，旧时读书蔚然成风，藏书是每一个宁波人与生俱来的习惯，私家藏书楼中最著名的，当属城南的天一阁，其原是明代兵部右侍郎范钦的私家藏书楼。历史上，天一阁历经多次浩劫，天一阁内真正属于范钦的收藏已所剩无几，即便是藏书楼，也差一点毁于台风，但宁波人共同出资出力，支撑起风雨飘摇中的天一阁。此后，各家藏书纷纷捐献给天一阁，加之"文化大革命"，全市充没图书及其他藏品中的精品也入藏天一阁，历年宁波城市建设中的一些建筑小品也都归入天一阁，如今的天一阁已与旧时的天一阁渐行渐远，已然成为宁波这座城市的历史文化遗产的集聚之地，成为这座城市的文化符号和文化象征。

　　民国《天一阁今昔观》背后，述说着一段宁波人保护天一阁的故事。1933年9月18、19两日，台风突袭宁波，天一阁东围墙及书楼东侧屋顶受损严重，藏书岌岌可危。而范氏后裔实际已无力支付维修天一阁所需的高昂费用。文化遗产属于这座城市，天一阁也不只是范钦的天一阁，而是宁波人的文化圣地。宁波人看在眼里，急在心里，有识之士不忍古迹被毁，典籍受灾，10月1日，鄞县文献委员会第四次常会上，在马廉、陈宝麟、叶谦谅等提议下，组织成立了重修天一阁委员会，设在中山公园鄞县文献委员会内。鄞县县长陈宝麟亲任主席，下设各股和委员。叶友益为总务股主任、冯贞群为交际股主任、林绍楷

1933年9月18日
台风为灾，阁东墙垣
倾颓形状

行将落成之天一阁

兼工程股主任，陈南琴为经济股主任。文献委员会、鄞志馆、图书馆、民众教育馆相关人员和范氏后裔等社会贤达人士，共同担任委员。

因政府财力无法承担巨额修建费用，重修天一阁委员会决定一方面申请上级拨款，另一方面主要依靠向社会募捐，在宁波帮商人较多的宁波、上海、南京、北京、杭州、汉口分设捐款处。省教育厅拨款2000元，蒋介石、张群等人也都带头捐款，虽经时任鄞县文献委员会委员长的冯贞群等人的奔走呼吁，但经费勉强仅供天一阁本体维修。考虑到天一阁保护的迫切性，委员会一边组织维修，一边继续劝募。修缮工程从1934年6月1日开始，所有藏书装入15个大木箱中，贴上封条后搬迁至范氏贻谷堂，由警察和族人日常守护。6月10日，天一阁藏书楼开始落架大修，维修工程包括：更换腐朽的屋柱、楼板，重铺地砖，翻盖屋瓦，油漆；东西墙壁由空斗墙改为方砖实垒砌墙；修理天一阁前后假山、池塘，并在池边建兰亭。至1934年底，收到捐款13000元，但仍与计划差距较大，尊经阁尚未迁移，四周围墙尚没有建起。为此，委员会不得不再次向各地宁波人劝募维修资金。

1934年12月，为了继续为天一阁维修工程筹款，《天一阁今昔观》纪念册第二种由此应运而生。此册由重修天一阁委员会印制，收录了天一阁、天一阁前假山、尊经阁等被毁和修缮前后的对比照共计九张。

《天一阁今昔观》纪念册第二种

以此向此前捐款人士汇报所捐款项的功用，以便进一步向爱心人士劝募，也激发了民众对保护天一阁的善心，为天一阁维修工程募集到更多的资金。据史料记载，此纪念册当时仅印制了数百本，发出后，又收到捐款2万余元。

此本《天一阁今昔观》曾为中国建筑研究室旧藏，故加盖有多方该研究室的藏书印，后流入民间。《天一阁今昔观》跨越近90年的历史，虽书角已略有残破，但其承载着全体宁波人捐款重修天一阁的历史，具有一定的史料价值。

凌空飞渡跨彩虹

——1936年第四卷第六期《建筑月刊》

1931年，上海市建筑协会成立，当时上海提出建设"大上海"的目标，城市建设突飞猛进，各类建筑流派和建筑技术在此碰撞交汇，因此协会有"中国第一个综合性建筑学术团体"之誉。次年11月，协会创办了《建筑月刊》，是民国四大建筑类刊物之一，刊物至1937年4月因抗战停刊，共出版5卷49期。这本《建筑月刊》是1936年出的第4卷第6号，

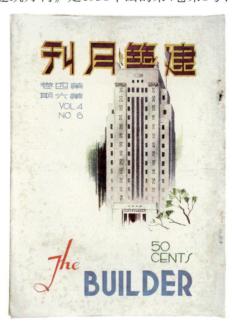

刊中第一页起，便刊出了宁波灵桥建设施工及完工后的照片，共计四面八张，由此，足见改建灵桥工程在当时全国建筑业中的重要性和影响。

灵桥始建于唐代。相传，兴建灵桥时，由于江流湍急，桥基打桩久打不成，此时，天空出现一道彩虹，工匠在彩虹的位置打桩，桥桩稳固不动，桥也随之建成，众人以为是彩虹显灵，故称其为灵桥，也称东津浮桥。灵桥横跨奉化江，是来往两岸的唯一交通要道，

《建筑月刊》封面

宁波老江桥建筑

凌空飞渡跨彩虹

自唐代至民国的1000年来，灵桥虽几经修建，但始终没有改变其是一座浮桥的模样。桥身由16只木船为底，上铺木质桥面，船与船之间用铁链相连。因此桥建于江面最狭窄处，水流比上下游更为湍急，浮桥过密，增加了水流阻力，加之桥梁年久失修，铁链质量欠佳等不利因素，致使一遇台风季节，上游来水如果夹带着树枝杂物顺流而下，灵桥则险象环生，冲毁桥梁事故时有发生。

1922年8月6日，灵桥被洪水所毁，商民应鸣和提议改建灵桥，并首次启动了灵桥改建筹备活动。1926年8月26日上午7时半，上游流量增加，水中突现了大堆水草，桥上铁链相继被冲断两根，浮船被散，过桥者退避不及，多人落水，终致毙命。桥断人亡的惨剧再一次在灵桥边上演，也再一次深深刺激着每一个宁波人，改建灵桥再一次提上日程，但终因战事而停止。1931年3月8日，在上海召开了在沪筹备处的第一次会议，标志着灵桥改建工程第三次重启。新的灵桥由上海工部局英籍工程师茄姆生设计，德国西门子洋行为总承包商，改建工程于1934年5月11日正式开工，1936年6月27日举行通车典礼。改建后的灵桥，通体由钢筋打造，采用三轴钢筋环桥型，如彩虹飞跨，在奉化江上凌空而过，不再受江水和潮汐影响。桥上车道宽约11米，两边设人行道，各宽约4.6米，全长约97.6米，承载20吨。

灵桥自始至终是一座由民间力量筹资新建的大型桥梁。当时的鄞县政府财政紧张，无力支付建桥费用，除承担20万元业捐外，即城区房捐加征两个月费用外，费用主要由民间筹集，为此，相继在上海和宁波成立筹备委员会，乐振葆、陈蓉馆分任主任，四明银行行长孙衡甫首捐五万元为倡。民众对改建灵桥更是积极响应并捐款，征集委员沿街募捐时，各商户一听是为改建灵桥捐款，无一不捐。此次募捐，共收到捐款69.1万元，远超工程预算，除支付各类建桥费用外，尚有大量结余。

灵桥是第一座由民间资本筹资、民间力量改建的大型桥梁，在建筑史上为一段佳话，是值得宁波人称道和骄傲的对象。灵桥改建工程一改传统工艺的石构桥梁，改为采用现代工艺和现代桥型的钢筋结构桥梁，在中国建筑史上也具有一定的里程碑意义，这也不难理解为何

《建筑月刊》会将最前几页都留给改建灵桥的相关照片。

《建筑月刊》刊登的照片不仅有灵桥改建后的正面、侧面照片，还有灵桥桥底的照片，而且配有灵桥改建过程中不同时期的照片，全景反映了灵桥的改建过程和建成后的伟观。特别是几张灵桥改建过程中的照片，极为少见，弥足珍贵。

灵桥改建后的几十年来，一直是宁波的城市象征和地标，是宁波人的乡情符号。这本1936年出的第4卷第6号《建筑月刊》刊载了灵桥改建过程中及改建后的多张照片，因此，颇具史料价值。

钱业会馆最明珠

——1936年宁波保和钱庄同寅在宁波钱业会馆内的合影

据《中外经济周刊》1927年第229期记载，宁波各钱庄营业范围、规模大小亦各不等。庄之大者，资本多十余万元，少亦四五万元。其放款范围不仅限于宁波一隅，如外县之镇海、慈溪、余姚、上虞等属，皆有款项放出。而各县商家，亦多赖甬庄之款，以资周转。盖各县商店办货，皆向宁波大商铺批发，用甬庄之款，以划付货价，甚为便利。而一方将售货所得之现款，随时偿于甬庄。故甬庄之贸易颇大，凡资本十余万元之庄家，其存款常有五六十万至七八十万元，而放款多至一百四五十万元。至如有资本四五万元之庄家，存款亦有二三十万元，放款至四五十万元。惟小同行营业范围较小，大抵多在本埠区域之内，资本额大者三四万元，少者一万元或七八千元之谱。小同行之存款较少，在十万元左右，而放款之数，每年至多亦不过十余万元。总之，资本愈小，存款放款亦随而更微。以上皆大小同行曾入钱业公会者之营业状况。至此外尚有不入公会之钱店，专做门市现兑买卖者，其业更微，资本不过三四千元，营业数目至多为一万元以上。现在大同行共有35家。其中敦裕、余丰、衍源、保慎、永源、泰涵、鼎丰、晋恒、景源、成丰、长源、资大、慎丰、元大、丰源、瑞康、益康、保春、瑞余、裕源、慎康、元亨、巨康、泰源、鼎恒、同慎、恒孚、元益、天益29家均在（海曙）江厦一带，此地俗称钱行街；尚有彝泰，在滨江庙根；彝生、泰生，在灵桥门；汇源，在大道头；信源、恒生，在

1936年在宁波钱业会馆拍摄的保和庄同仁留影

糖行街。至小同行之入公会者，现有31家，有仁和、恒大、丰和、惠余、恒春、恒康、瑞丰、镇泰、安泰、恒祥、同康、源源、泰巽、瑞源、通泰、元成、通源、宝源、升泰、慎成、承源、恒裕、慎祥、慎余、宝兴、源吉、慎昌、慎益、保和、资新、惟康，其所在地点亦以（海曙）钱行街最多，糖行街及宫前宫后滨江庙根药行街等次之。此外，如专做门市现兑买卖者，尚有五六十家，散在城内外及江北江东等处，以其营业较小，均不入会。钱业公会，即设在建船厂跟附近钱业会馆内。

海曙金融最具代表性的历史文化古建筑就是位于宁波战船街10号的宁波钱业会馆。灰色墙面、青砖红瓦的传统架构，给人以古意浓浓的文化气息。这是中国金融业保存最为完好的会馆建筑，也是全国唯一保存完整的钱庄业的历史文化遗迹。

宁波钱庄业大约兴于16世纪中期和17世纪初期的明朝，盛于清咸丰、道光年间。清末民国，宁波钱庄业迎来了黄金时代。据保存在钱业会馆内的石碑记载："吾闻之故老，距今百年前，俗纤俭，工废著，拥巨资者，率起家于商人，习踔远，营运遍诸路，钱重不可赍，有钱肆以为周转。"钱庄业如雨后春笋，兴盛当时。

"走遍天下，不如宁波江厦。"这句传诵至今的谚语，说明了宁波江厦街一带钱庄云集达百家的盛况。当年，名闻沪甬的小港李家、江东严家、湖西赵家、洋墅徐家和慈溪董家等几大家族在钱行街都开有自己的钱庄或在合资的钱庄中占有大量股份。民谣有云："钱行街，是钱庄，银洋叮当响，铜钿好打墙。进出黄包车，满街是先生。"时至今日，江厦街的钱庄仅留下一座钱业会馆，为昔日行业会馆仅存硕果。

清同治三年（1864），钱业同业组织形式称钱业会商处，在江厦一带滨江庙设有公所，后毁于兵火。1923年，因原有公所"湫隘不足治事"，衔源、敦余等62家大小钱庄发起筹建，共出资91910.36银圆购置船厂跟（今战船街）"平津会"房屋及基地一方，兴建新会馆，即今钱业会馆，于1923年开工建设，1926年竣工。会馆坐北朝南，门楼、前后二进楼房，是由戏台、亭阁等组成的中西合璧的砖木结构建筑。建成后，钱业会馆很长一段时间都被视为甬上的标志性建筑，当时甬上许多重大公共活动都在此举办。例如建成当年，浙江督军卢永祥来宁波的行辕就设在该会馆。

钱业会馆是当年宁波钱庄同业聚会、议事的场所，是宁波钱庄业辉煌的标志，也是金融家的摇篮。据《鄞县通志》记载，甬上金融向以钱庄为枢纽，其盛时，资金在6万元以上的大同行有36家，1万元以上的小同行有30余家，几百元以上的现兑庄有4000多家，其经营势力凌驾于上海（贷放达3000万元）。1931年全县钱庄业已发展到160家，资金总额计3866万元，而且，首创了不用现金支付的"过账制"结算，即过账码头，这是一种以信用作为基础，十分独特的结算制度。

海曙区的钱业会馆是唯一留存的反映宁波钱业繁荣的历史载体，自1926年建成后，一直作为宁波钱业的活动中心。它由敦裕等28家大同行主持，兼结合了33家小同行共同建造完成。小同行也有自己的组织永久会，并成立了一个约一万元的基金，也使用钱业会馆为集合场所。其营造费用，大同行集资61200元，小同行集资20496元。会馆建成后，大小同行均迁入此处办公。开始时，钱业市场仍分两处，同业拆放、利率议定移入钱业会馆，规元买卖、货币兑换仍在旧处，1933年合而为一。

1949年解放后，宁波钱业会馆几易其主，但基本保存完好。1988年宁波钱业会馆由中国人民银行接管后，进行了全面整修，恢复了昔日面貌，由此，成为反映宁波金融业发展不可多得的金融文化遗迹和爱国主义教育基地。

1994年9月28日，宁波钱币博物馆在钱业会馆内正式对外开放，成为中国人民银行系统第一家对外开放的专业类博物馆。馆内陈列着从贝、布、刀、环到大清银洋的各类历史钱币千余枚实物展品，其中有镴质抗币及金质"隆兴通宝"等珍品。既有通史、金融性质，又突出了宁波港城的地方特色。上溯4000年前的商周，下涉民国抗战时期，对于宣传宁波的历史、弘扬祖国的货币文化具有重要的历史意义。

这张照片是拍摄于1936年的宁波保和钱庄同寅留影，从照片中柱子的位置和对联的内容可以看出，地点是在宁波钱业会馆的戏台与正厅之间的区域。据1934年《中央银行月报》载，宁波保和钱庄是宁波钱庄中的一家小同行，于1921年改组开办，资本两万银圆，股东为周公荫、陈省三、朱武房、李廷泉和何牖臣，副经理周正冠。照片中共有14人，前排坐着的正是钱庄管理层，衣着华丽，后排多为年轻人，当是钱庄的学徒或普通工作人员，发型时尚，颇具修养，但人物表情神色凝重，似乎预示着暴风雨的来临。正是在此照片拍摄的同年8月2日，在宁波金融风潮的影响下，宁波保和钱庄歇业清理，一日之间，大小同行钱庄倒闭竟达13家之众。

摄于宁波钱业会馆内且保存完好的宁波钱庄业老照片，可谓凤毛麟角，非常珍贵。在现代银行业兴起，特别是国民政府实行法币政策之后，宁波的钱庄业繁华不再。我们在欣赏此张照片时，可看到宁波钱庄业的衰败之势已不可逆转。

永耀发电灯笼亮

——1936年永耀电力公司收据

和丰纱厂锭子响，

太丰面粉灰烬扬，

永耀发电灯笼亮，

通利源榨油放炮仗，

"三支半烟囱"可怜相。

这是在宁波流传的民谣。这简单的五句话，总结了宁波工业文明的起步。1842年，宁波作为《南京条约》规定开放的五大通商口岸之一，在此之后民族工业得到了一定的发展，虽然不能跟现代工业相比，但与同时期内陆其他城市相比，可算是遥遥领先。而这"三支半烟囱"，作为当时最具代表性的四个工厂，给老宁波留下了浓浓的工业记忆。这"三支半烟囱"全部建在甬城三江岸边，其中和丰纱厂、太丰面粉厂建在甬江东岸，永耀电力公司建在姚江旁边，而通利源榨油厂在奉化江边。曾经，这几根冒着滚滚黑烟的大烟囱也算得上宁波的标志性建筑。如今，"三支半烟囱"虽然只剩太丰面粉厂的一根，但它们目睹了宁波工业百年来的兴衰起落，见证了城市的沧桑变迁，是这"三支半烟囱"带领宁波工业走到辉煌灿烂的今天。

宁波永耀电力股份有限公司创办于1914年4月，由宁波旅沪商人虞洽卿、周仰山、刘鸿生等集资13万元（其中3万元为和丰纱厂附设战船街电厂全部财产作价投入）创办。设董事会，董事长虞洽卿，经理周仰山。厂址在宁波北门外北斗河畔（现海曙区）。装置25千瓦柴油发电机组两台，利用城墙上竖立的木杆作输电线路，次年2月正式发电。由于城区照明用电发展很快，工厂又先后投资135万元，购置120千瓦、180千瓦、300千瓦蒸气发电机共三台，解决供需矛盾。

起初，宁波的几家商号突然亮起电灯，这在当时可是稀罕之物，市民们奔走相告、争相观看。电厂刚开始只向县前街、镇明路、杨柳街等地供电，且只有两台25千瓦的发电机，仅够同时使用500盏100瓦的灯泡。这在当时也够用了，和丰纱厂等较大的工业企业都有自己的发电设备，而老百姓的生活照明依然习惯用油灯。这些电力主要供商店照明使用。

后来，随着用电需求的增加，永耀电力公司陆续添置设备，增加发电量。1918—1934年，企业共盈利124.53万银圆。1935年、1936年先后兼并慈溪县慈明鸿记电灯公司、镇海县骆驼敦丰电灯公司。是时，企业共有股金252万元（法币），发电机组8台，总装机容量9664千瓦，用户9000余户，灯头10万盏，1936年盈利（法币）19.55万元。1938年后，用户2000户，灯头3万盏，盈利6875元。次年7月16日，鄞县战时管理委员会接管永耀公司，以"节省战事开支"为由，裁员57人，增收电费。到1935年，供电用户达9000余户，灯泡10万盏。

抗日战争期间，永耀电力公司被日本人强行接管。1941年4月至1944年，共计亏损储备券1488万元。1945年抗战胜利后改夜间供电，次年恢复日夜供电。主要设备有1600千瓦、3200千瓦汽轮发电机各一台，配4020平方英尺、4500平方英尺锅炉各一座；3300千瓦汽轮发电机一台，配5000平方尺锅炉一座。尚有基本报废的650汽轮发电机2台，锅炉1座，变压器52台，总容量6367千伏安。固定资产总值法币96930万元，最高负荷3500千瓦。1947年改装4号、5号用煤锅炉使用柴油，月均耗用燃料煤1350吨或柴油800吨。直到1949年宁波解放，人民政府派军管人员进厂，维持生产秩序，防止国民党军破坏。然而1949年10月18日，发电厂受到国民党军飞机轰炸，全市停电，燃烧弹引发的大火映红了姚江。为尽快恢复供电，电厂组织工人紧急抢修，日夜加班。同年12月26日恢复发电，市区工商业逐步复苏，永耀电力公司的生产也恢复

No. 22477

電費收據

今收到

孫謁生 君 號

五月份電費合計洋

度數開列於後

八月份止計走

8度不足數應照坐度

銀川 度本月份止走

度

天計算計洋數如上列

8＜ 度除過淨走

乙元六角八分

本過瑞康

中華民國廿五年 五 月　日

經收人

永耀電力股份有限公司

簽字

◀ 營業部第四七四號　發電廠第一五〇號　電話 ▶

永耀电力公司电费收据

正常。1953年，永耀电厂经过私资重估，核实资产总值为人民币500万元，次年完成公私合营。1965年，改为宁波电力公司。1983年3月起，停止发电。虽然后来烟囱被爆破，但原厂址仍成为宁波市级文物保护单位，为电力局办公使用。

这是一张电费收据，留存在缴纳电费的客户手中，作为一种凭证。此张电费收据时间是1936年5月，孙谒生在5月份的用电量从593度至598度，用电5度，通过宁波瑞康钱庄过账，给永耀电力股份有限公司缴纳1元6角8分的电费。上面的数字是著名的苏州码子（3川，5ゟ，8亖，9夂），也叫草码、花码、番仔码、商码，是中国早期民间的"商业数字"，曾广泛应用于当铺、钱庄、药房、商铺等各个领域。通过此收据可知，孙谒生可能是一位店家或者企业主，一个月用电5度。永耀电力公司作为宁波的著名企业，积极跟宁波钱庄合作，缴纳电费通过宁波的钱庄过账，不需要现金支付，省去了很多手续，对经济的促进作用可见一斑。

广大华行筹经费

——1940年上海广大华行全体同人留影

广大华行是中国共产党领导的企业，也是党的地下组织之一。1933年，为了抗敌御侮及谋求抗日活动经费，卢绪章、杨延修等5位青年集资300元，在沪成立"广大华行"。上海沦为"孤岛"后，广大华行奉命开拓大西南业务，打通法属越南海防的海关，凭借多年的经验和对商机的敏感，抓住昆明交通中转之优势，大力开拓货物运输及保险业务，筹划建立起由上海经香港、越南海防到昆明、贵阳、重庆、成都等地一直通往新疆再到苏联的运输线，寻觅到不少商机，获得了丰厚的利润。这条商业运输通道同时也成为中国共产党的秘密交通线。1944年，改组后的广大华行由卢绪章任董事长、总经理兼党组书记，杨延修、张平等任副总经理。抗战胜利后，广大华行迁回上海，并在广州、天津、汉口和香港、台湾等地增设分行。该行同时拥有民安保险公司、民孚企业公司、民益公司、中央制药厂和台湾七星纺纱厂等联合企业。1947年，解放战争进入战略反攻阶段，广大华行及其附属机构在国内支持敌后运动的使命基本结束。中共上海局审时度势，决定把广大华行的业务重点南移香港。解放后，广大华行完成使命，将积存资金上交党组织，附属企业也先后并入国家事业单位。

1911年6月，广大华行的创办者卢绪章出生于宁波城区的小沙泥街（现海曙区小沙泥街）。卢绪章自幼便被父母教导要爱国爱乡、坚守道义。上学时，卢绪章老师是大革命时期的共产党员，受老师影响，他被爱国思想浸染，接触到了共产主义和马克思主义。1925年，家里的生意不景气，14岁的卢绪章独自离家远赴上海，在上海源通轮船公司工作。在上海的几年，卢绪章正好赶上革命的蓬勃兴起，在革命大环境的影响下，自幼接受爱国教育的卢绪章开始关心国内形势，参与社会运动。1933年，22岁的卢绪章联合几位好友，集资创办了广大华行贸易公司。由于资金不足、基础薄弱，同时几人又没有商业经营的实际经验，广大华行亏损，最终歇业。

此后，卢绪章并未死心，再次集资500元法币接办广大行。经过努力，广大华行成为一家颇具规模的西药商行，卢绪章也成长为一名商界的成功人士。1937年10月，在杨浩卢的介绍下，卢绪章正式加入中国共产党，从此开始了他为之奋斗终生的事业。

广大华行在卢绪章的运筹下生意兴旺，日渐壮大，资产规模从当初的几百块发展到数百万美元，卢绪章也成为上海滩名副其实的商业大亨。淞沪会战后，上海沦陷，卢绪章将广大华行转移到重庆。在重庆时，他受到周恩来的接见和鼓励。在重庆做外贸生意，少不得和各方面的人打交道。卢绪章利用各种机会，拉拢张军光、施公猛等人，打通了重庆金融界渠道。八路军办事处每次收到爱国华侨或国外进步人士捐赠的黄金、美元，都会交给卢绪章，让他兑换成市面流通的货币，交给党组织。在重庆期间，卢绪章每个月都要秘密去一趟八路军办事处和周恩来见面，当面向他汇报工作。周恩来要求他的身份必须保密，除了周恩来，卢绪章不受任何人领导。甚至有一次董必武在红岩村作报告，卢绪章都没有和大家坐在一起，而是和周恩来一同在后台听讲，足见保密工作的严格。在卢绪章的经营下，短短几年，广大华行不仅在昆明、贵阳、西安等地设立了分支机构，还创立了民生企业，业务迅速发展，社会地位日渐提升，而卢绪章本人也成了重庆商界的风云人物。

1945年10月，随着抗日战争的胜利，在周恩来的指示下，广大华行准备迁回上海。回到上海后，通过施公猛等国民党高官的名声，卢绪章又结识了陈果夫。后来，卢绪章担任了陈果夫投资的中兴制药厂的总经理，并把该厂打理得井井有条，蒸蒸日上。除管理陈果夫的药厂外，卢绪章还继续扩大广大华行的商业版图，把银行开到了香港。从广大华行创立以来，卢绪章为党赚取利润、筹集经费超过400万美元。虽然身价不菲，但是卢绪章个人生活却十分简朴，他也不允许家人铺张浪费，心中时刻保持党员的操守，认为这些钱都是党的，共产党员赚的钱，应该全部上交给组织。

1948年，随着局势不断恶化，卢绪章等人的处境变得越来越艰难。6月，曾担任过广大华行联络员的共产党员绍平和他的妻子同时被捕。在国民党的残酷审讯下，绍平妻子叛变，广大华行随时有被破坏的危险。在这种情况下，经组织批准，卢绪章等人决定将广大华行的中心资产向香港转移。在接下来的两个月里，卢绪章频繁来往于上海和香港之间，将黄金和其他资产转移到了香港。当国民党决定对广大华行下手时，却发现其早已成了一个空壳，核心人物早已转移了。1948年底，卢绪章接到组织通知，去河北西柏坡学习，以便为解放后即将到来的各项工作做好准备。渡江战役结束后，卢绪章跟随第三野战军以华东区贸易部副部长的身份来到上海。

1950年，周恩来亲自筹划新中国对外贸易事业，创立了新中国第一家对外贸易公司，卢绪章被任命为总经理。到任后，卢绪章夜以继日、全力以赴，将自己的精力投入到了企业的管理和发展中。

1952年，对外贸易公司初见成效，卢绪章被调回外贸部担任局长，此后又担任部长助理、副部长等职，为新中国的外贸事业作出了重要贡献。

1995年11月8日，卢绪章因病在北京逝世，享年84岁。

这是一张1940年上海广大华行全体同人留影的老照片，由王开照相馆拍摄，前排右二是卢绪章本人。1940年6月，广大华行改组为股份有限公司，选出杨延修、卢绪章等五人为董事。除在上海设总管理处外，还设上海、昆明、重庆三个分公司，并于海防、贵阳设办事处。西南大后方以重庆为中心，由卢绪章主持，经营范围为医疗器械、西药原料、西药、五金材料、海陆运输及其他进出口业务，由此实现了将广大华行业务重心从上海向重庆的转移。此照片拍摄于卢绪章去重庆面见周恩来之前。此时，虽然当时国共第二次合作已经开始，但上

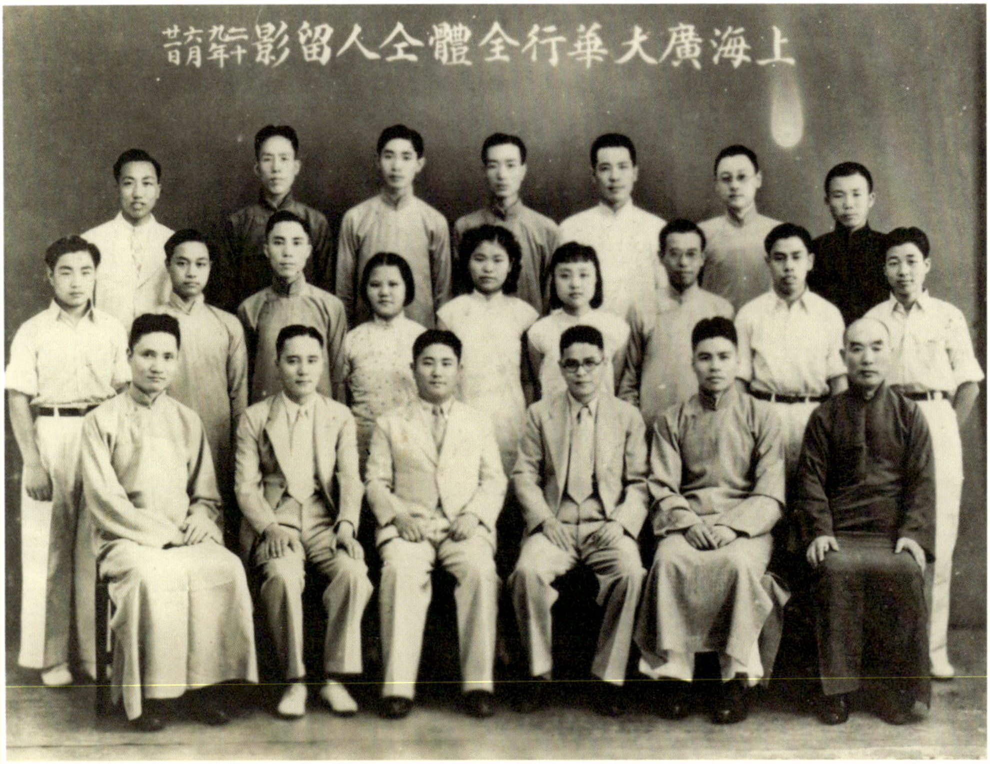

1940年上海广大华行全体同人留影

海仍然处于白色恐怖之下，卢绪章的党员身份并没有公开，他利用广大华行作掩护，发展了近百名积极分子入党。虽然照片中的很多人无法考证到底是谁，但卢绪章发展的近百名党员中，必定有他们的身影。

革命战争年代，卢绪章身处艰苦的特殊环境，与资本家打交道，跟国民党人周旋，冒着风险为党工作，取得了巨大的工作成绩，为中国人民的解放事业作出了不可磨灭的贡献。在长期的斗争过程中，卢绪章洁身自好、廉洁自律，忠于自己的理想信念，表现出淡泊名利、无私奉献的高尚精神。

天一保险作掩护
——1942年天一保险宁波分公司保单

　　保险是一种进行经济补偿并具有互助性质的事业，是商品经济发展到一定阶段的产物，在对外贸易和外海航运事业发展过程中由西方传入中国。

　　在中国近代保险业的产生和发展过程中，宁波帮起了极为重要的作用。20世纪二三十年代，宁波帮以非凡的魄力和敏锐的眼光投身于几乎被外国势力垄断的保险业，创办了一大批极具影响力的保险公司，为中国近代保险事业的发展作出了重要贡献。从清光绪三十一年（1905），宁波人朱葆三、严信厚等创办华兴保险公司开始，宋汉章、黄延芳、董汉槎、刘鸿生、胡咏骐、孙衡甫、秦润卿、卢绪章、谢寿天等人先后创办了中国保险公司、信平保险公司、大上海分保集团、大华保险公司、宁绍保险公司、四明保险公司、中国天一保险公司、民安产物保险公司、大安产物保险公司等保险公司。宁波保险业群星璀璨，涌现出了虞洽卿、傅其霖、严福堂、朱晋椒、俞佐宸、包玉刚、王正廷、张章翔等一大批宁波籍重要人物，引领了当时保险业发展的潮流。

　　中国天一保险公司于1934年2月1日由宁波籍商人秦润卿、王伯元和梁晨岚发起组织，中国垦业银行投资，于同年4月2日在沪创建。资本金500万元，共5万股，每股100元。秦润卿任董事长，梁晨岚任总经理，总公司设在上海南京路256号，经营水、火、汽车等保险。同年在宁波设分公司，地址位于江厦街121号中国垦业银行内（现海曙区江厦街道），经理俞佐宸，副经理毛稼生。分公司有业务主任、内勤、外勤、会计、统计等九人，经营水、火险业务，火险由公司自营，水险由报关行代理。为扩展业务，在余姚县垦业银行办事处、镇海县慎祥钱庄及柴桥、贵驷桥、象山、石浦、宁海、奉化、庄桥、黄古林等地设立代理处或委托代理。投保者甚多，宁波和丰纱厂、太丰面粉厂、通利源榨油厂等著名企业均向天一投保火险。抗日战争全面爆发后不久，上海、杭州等地相继沦陷。宁波偏居一隅，有水路跟上海相通。内地客商货物由宁波转运上海，向天一公司投保水险，公司业务繁忙，保险费收入非常可观。后因帆船触礁沉没甚多，赔案增加，乃停办水险业务。

1937年7月发生了卢沟桥事变，日军开始全面侵华，中华民族奋起抗日。谢寿天、胡咏骐、杨经才、郭雨东等保险界中上层进步人士共同发起成立"上海市保险界战时服务团"。1938年，上海租界成为"孤岛"，中共上海地下党组织根据保险业的特点，由保险业同业公会主席、宁绍人寿保险公司总经理胡咏骐，中国天一保险公司谢寿天，太平保险公司郭雨东，美商北美洲保险公司董国清，宁绍水火保险公司程恩树及中国保险公司林震峰等人，发起筹备上海市保险业业余联谊会。在筹建过程中，主要以华商保险公司中的中国保险公司、中国天一保险公司、宁绍人寿保险公司等公司为重点，开展组织抗日民族统一战线和广泛发动群众的工作。这一时期，谢寿天把全部精力都投入筹备工作中。在中国天一保险公司，他借与公司同事共进晚餐之机，进行抗日救国宣传教育，团结了一批进步青年。这些青年中的很多人后来成了筹建上海市保险业业余联谊会的骨干力量。他的宿舍成了大家经常碰头讨论工作的地点。谢寿天还通过个别征求的方式，发展会员300余人。筹备组提出的上海市保险业业余联谊会宗旨是"联络感情，交换知识，调剂业余生活，促进保险业之发展"，得到了保险业中上层人士和广大职员的赞同。同年7月1日，上海市保险业业余联谊会成立大会在宁波旅沪同乡会召开。在胡咏骐、谢寿天的号召下，参会的会员有300余人。谢寿天当选为常务理事兼组织部主任和图书委员会主席。上海市保险业业余联谊会通过举办各项活动，广泛联系保险业职工，日益发展壮大，在上海保险业的职工运动史上留下了光辉一页。

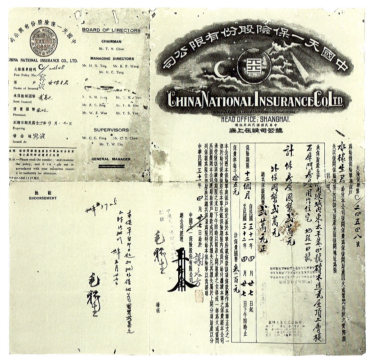

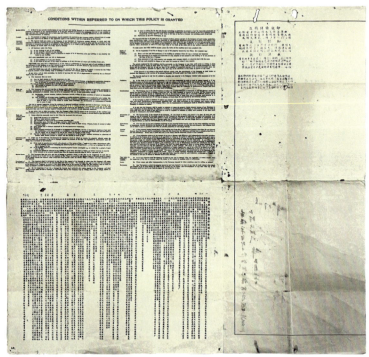

1942年中国天一保险股份有限公司的火险保单

谢寿天创建的大安产物保险公司、卢绪章创办的民安产物保险公司和联安产物保险公司，是中华人民共和国成立前由中国共产党领导创办的仅有的三家红色保险公司。

　　1946年4月19日，宁波沦陷。中国垦业银行宁波分行停业，收付移归上海总行办理。天一保险公司宁波分公司迁移到江左街13号原江西裕民银行内，原经理俞佐宸离职赴重庆，由毛稼生任经理，邬冠卿任副经理，于同年6月继续营业，并在镇海设立支公司。各地代理机构则因战争或经营不善而相继停业。1945年8月抗日战争胜利后，天一保险公司宁波分公司办公地点迁至方井街11号，毛稼生离职赴沪，仍由俞佐宸担任总经理，1949年5月歇业。抗战时期，红色金融家谢寿天通过在天一保险公司的活动，在发展保险人才、增强抗日力量、筹集抗日经费等方面作出了重要的贡献。

　　这是一份1942年中国天一保险股份有限公司的火险保单，保单内容为水棣生为宁波城内东太平巷石库门房屋投保，保额国币2万元，保费300元，保险期限12个月，由天一保险公司宁波分公司副经理毛稼生盖章，保存至今，实为不易。

名满海上叔孺公

——1943年赵叔孺书《林母史夫人家传》

清末，上海一跃成为国际大都市，各地书画家云集，高手如云，所形成的"海上画派"影响着近现代艺术的发展，并一直延续至今。当时，最为著名的书画篆刻家当推吴昌硕，而能与之比肩者，唯有赵叔孺。

赵叔孺（1874—1945），原名润祥，字献忱、叔孺，后易名时棡，号纫苌。晚年因得到汉延熹、魏景耀两把弩机，而号二弩老人。清末诸生，曾任福建同知。民国后，隐居上海，以书画自给。其金石书画无一不精，有"近世赵孟頫"之誉。其故居至今仍存，位于海曙区孝闻街宝兴巷内，为其父赵有淳（1827—？）建。赵有淳，字仲淳，号粹甫，清咸丰六年（1856）进士，出任镇江知府、江南盐巡道粮储、大顺广兵备道等职，官至大理寺卿。著有《平安如意室诗抄》。

赵叔孺出身于官宦之家，受到良好的传统文化熏陶，自幼聪颖，爱好绘画。八岁时，当着福建林姓客人面画了一匹马，遂受到客人的钟爱，便将女儿许配给他。"一匹马换得一娇妻"传为艺林美谈。其岳父收藏极丰，古代书画、金石雅玩无所不有，赵叔孺对收藏的唐宋以来书画精品日夜观摩，反复临习，精进不休，仅仅几年，艺事大增。赵叔孺所绘山水花卉、翎毛虫草，无一不擅，尤以画马称雄，受到时人追捧，有"一马黄金十笏"之称。其篆刻得前辈赵之谦精髓，兼浙皖两派之长，有典丽恬静之美。沙孟海对赵叔孺的印给予了极高的评价，

南君與弟斗南習舉
于業旋有投筆從戎
之志辛亥政變弃去
宣勞夫人實贊襄之

厥後頌南君與從兄
蓮蓀經理中華銀行
引鍰商紐亦夫人促
成之洎乎庚申之歲

林母史夫人家傳
太倉唐文治拜誤
同邑趙時棡拜書
孝經曰事父孝故事

察者為立孝之大本
亦家政之所由理此
其詣求之閨閣中慕
雜而何幸於林母見
之夫人姓史氏為四

《林母史夫人家傳》

他在《沙村印话》中称："历三百年之推递移变，猛利至吴缶老（吴昌硕），和平至赵叔老（赵叔孺），可谓惊心动魄，前无古人。"赵叔孺也好收藏，精于鉴定，对金石之学有着深入的研究，他的书画作品也常常可见金石之气，张大千更尊其为金石学泰斗。赵叔孺的书法正、草、篆、隶各体皆擅，篆书得力于李斯、李阳冰，平稳圆转，柔中带劲。隶书融会两汉，有秀逸之趣。行书先学元代赵孟頫（帖学书法承前启后的重要人物），后转学清代赵之谦（碑学的代表人物）。赵叔孺吸取各家之长，碑帖相合，一改赵孟頫书法中的圆媚之态，融入魏碑的笔意，使作品书风秀逸，骨力劲峭。其楷书初学唐代颜真卿，得其庙堂之气，又取赵孟頫、赵之谦之长，出入碑帖，上探北碑，作品气势飞动，刚劲婀娜，有"颜底魏面"之称。赵叔孺有着强烈的传统观念，对于门徒更有严格的要求，前后所收门人约60人，多已成为近现代艺界翘楚，如方介堪、陈巨来、沙孟海、徐邦达等，各有所长，风光无限。

此本《林母史夫人家传》为宣纸线装本，宽18.0厘米，纵34.5厘米，封面由赵叔孺以隶书题签。癸未正月，即1943年2月。内有16页，由太仓唐文治撰文，赵叔孺以楷书书写，整本书法恬静娟美，端庄而不失飘逸，流畅而不失刚劲。据其内容可知，其书写时间和题签时间相符，同为1943年所书，赵叔孺时年70岁，两年后去世。可见，这是赵叔孺晚年时期的一件代表作，虽是印刷本，但仍具有重要的艺术价值和文献价值。

地质泰斗翁文灏
——1943年翁文灏签发的调整令

清光绪十五年（1889）七月，翁文灏出生于鄞县石塘镇（今宁波海曙区高桥镇石塘村）一个绅商家庭中。富足的翁家为年幼的翁文灏提供了优渥的生活。尽管年幼失恃，但在其祖母的悉心教导下，翁文灏茁壮成长，没有沾染一丝纨绔子弟常见的恶习。6岁时，翁文灏进入当地私塾开始读书。他聪颖好学，才思敏捷，颇受老师喜爱。13岁初次参加科举，一举中得秀才，然而翁家还没来得及高兴，延续了千百年的科举考试制度就在两年后被取消了。一时间，举国哗然，众多读书人失落迷茫。然而对于年轻的翁文灏来说，取不取消科考制度他并不在意，旧式学校停了，就去新式学校，只要可以学习新的知识，就是好的。后来，自幼就深知"自力更生需崛起"的翁文灏考入上海震旦学院，在那里开始接受洋人的新式教育。

在这里，他看到了一个由快速发展的科学与技术引领的新世界，也目睹了落后的旧中国如何被西方列强无情践踏。面对此情此景，年轻的翁文灏感慨万千，热血沸腾，挥笔写下了"我虽年少知自勉，须扶衰弱佐中华"的壮志豪言。自此，救世报国、匡扶中华成为他一生的志向。清宣统元年（1909），翁文灏以优异的成绩考取了浙江省官费留学的名额，前往比利时鲁汶大学专修地质学。他省吃俭用，刻苦求学，抓紧一切机会去野外考察、调研。四年后，翁文灏以一篇"优级"博士论文完成了他的博士学业，中国有史以来第一位地质学博士就此诞生了。

学成之后，翁文灏放弃了国外的丰厚待遇，毅然回国报效。翁文灏回国之际，恰逢我国地质学发展百废待兴。地质学家章鸿钊、丁文江等人积极筹办地质研究所，但彼时国内人才匮乏，获知翁文灏回国，章鸿钊欣喜若狂，立即向翁文灏发出了邀请。翁文灏当即答应，来到了地质研究所，开始走上讲台，为学生主讲矿物学、岩石学等专业课程。翁文灏的到来，不仅使地质研究所久悬未决的专任教授一职责有攸归，"如鼎之有足，不虞覆𫗧"，也极大地丰富了地质研究所的授课内容，提高了教学水平。为了给学生打下坚实的基础，翁文灏多次根据学生所需调整课程内容，先后为学生专门开设了光性矿物学、岩石及矿床学等专业课程，以求增强课程的实用性。其间，他还用法文编写了《地质学讲义》，这是由中国人编写的第一本地质学讲义。

为了提高学生的实践能力，翁文灏身先士卒，多次带领学生参加野外考察，足迹遍及北京西山、燕山等地。在教研工作之外，他还将地质研究所师生多年来所做的图表、标本等悉心汇编，对外进行了汇报性的陈列展览，此举亦被后世学者称为"中国地质博物馆的创始行为"。

1916年，在结束了地质研究所的教研工作后，翁文灏投身地质调查所（原矿政司地质科）的发展与建设。他在大量野外考察和资料研究的基础上，陆续发表了《中国山脉考》《中国地理区域及其人生意义》等学术著作。1919年10月，翁文灏撰写并发行了中国第一部系统性矿产报告——《中国矿产志略》。后来，翁文灏又基于大量的实地考察，撰写并出版了《地震》等科普专著，明确提出地震导致房屋坍塌的六种情况，对防震减灾工作给出了七条宝贵的建议，为民众应对地震灾害及灾后重建发挥了指导作用。为了改变中国地质学者缺少与国际学者交往的机会，以及查阅外文资料渠道有限的局面，翁文灏与章鸿钊等人在1922年成立了中国地质学会。同年，翁文灏代表地质调查所和中国地质学会，出席了在比利时召开的国际地质大会，为中国同国际地质学界的交流架起了第一座沟通的桥梁。

翁文灏也是我国石油勘探的奠基人之一。1921年结束甘肃地震调查后，翁文灏组建调查小组，奔赴玉门地区进行石油地质勘测。1937年"七七事变"爆发，为了解决抗战所需能源供应问题，翁文灏决心开发玉门油田。1939年，玉门第一口油井获得工业油流，成为中国人自己开发的第一个油田。它的成功不仅是世界石油地质史上非海相油田的重要实例佐证，为新中国开发大庆油田提供了重要的依据，还为后来新中国石油工业的发展培养造就了一大批专业人才，"铁人"王进喜就是其中之一，为我国现代石油工业的发展提供了有生力量。

1949年后，翁文灏历任全国政协委员和民革中央委员等职，今海曙区高桥镇石塘村和月湖西岸大书院巷存有翁文灏的故居。

这是一份1943年3月，由时任国民政府经济部资源委员会主任翁文灏签发的"资（32）秘字第3721号"训令，是对其局中一位名叫冠忠民的事务员贪赃枉法事件的处理意见。翁文灏是抗战时期"学者从政"的代表人物。他以国防设计委员会秘书长身份初涉政坛，先后担任过

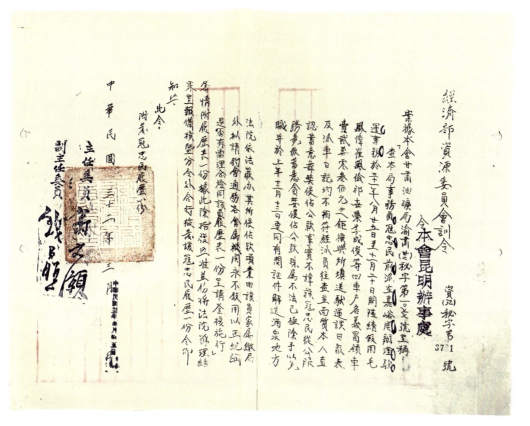

1943年，由时任国民政府经济部资源委员会主任翁文灏签发的"资（32）秘字第3721号"训令

行政院秘书长、实业部部长、教育部部长、经济部部长、全国经济委员会副委员长、军需生产局局长、战时生产局局长、行政院副院长、资源委员会委员长、行政院院长、总统府秘书长等职。在已知的中国近现代科学家、政治家经历中，他是唯一一位"学至院士、官至总理（行政院院长）"的学者型从政者。在整个抗战时期，翁文灏督率资源委员会、战时生产局、经济部全体人员在大后方建设方面作出了不可磨灭的贡献。资源委员会的战时

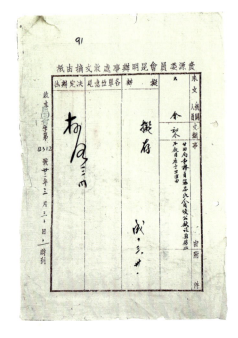

经济活动不但增强了中国抵抗日本侵略的物质力量，而且在改良工业布局和工业结构、提高工业技术水平的同时，也奠定了边远地区工业发展的基础，甚至对今天的西部开发也具有深远意义。尤其翁文灏发挥自身地质学家的专业特长，在矿产开发、厂矿内迁、特矿统制、石油开发等方面起了极其重要的作用。看到属下贪污，虽痛心疾首，但面对错综复杂的关系，翁文灏仍刚正不阿，严惩罪犯。这份训令是研究翁文灏的重要史料。他是中国第一位地质学博士、中国第一本《地质学讲义》的编写者、第一位撰写中国矿产志的中国学者、中国第一张着色全国地质图的编制者、第一份《中国矿业纪要》的创办者之一、第一位代表中国出席国际地质会议的地质学者、第一位系统而科学地研究中国山脉的中国学者、第一位对中国煤炭按其化学成分进行分类的学者、燕山运动及与之有关的岩浆活动和金属矿床形成理论的首创者、开发中国第一个油田的组织领导者。作为中国地质学的鼻祖，翁文灏终其一生，在历史动荡的岁月中，为我国地质科学研究、资源开发和经济建设作出了显著的贡献。

抗币印刷在鄞江

——1945年鄞江镇抗币伍角

1937年7月7日，日本发动全面侵华战争。为了挽救民族危亡，中国共产党浙江地下党组织领导人民开展了敌后抗日游击战。早在1939年6月，中共浙江地下党组织就开辟了定海东区游击区，开展游击战争，先后成立了镇海王贺乡抗日自卫队、余姚县宁绍游击大队、四明游击指挥部独立大队等，为浙东抗日根据地的开辟做了必要的前期准备。

1940年10月19日，国民党发动震惊中外的"皖南事变"。1941年2月1日，党中央和毛泽东对新四军在华中作战的战略部署作了新的安排，明确指出："华中指导中心应着重三个基本战略地区，即鄂豫陕边地区、江南根据地（包括苏南、皖南、浙东及闽浙边）、苏鲁战区。"并且指出："关于浙东方面，即沪杭甬三角地区，我们力量素来薄弱，总指挥应增辟这一战略基地，经过上海党在该区域创立游击根据地（以松江等处原有少数武装作基础），中原局应注意指导上海党。"这是党中央新的战略决策。华中局为了贯彻这一指示，决定将开辟浙东、浙西两地的工作任务暂归苏南区党委书记谭震林负责。苏南区党委要求浦东工作委员会组织力量向浙东敌后挺进。1941年5月，浦东武装分批南渡杭州湾到浙东，到达"三北"（慈溪、镇海、余姚之北）地区，共有两支武装约900人，这两支部队成为后来新四军浙东游击纵队建制的基础。当时执行中共中央"隐蔽精干，长期埋伏，积蓄力量，以待时机"的方针，两支部队通过与国民党部队的统战关系，先后取得"宗德公署"

海防大队（后改为宗德部队第三大队）、第三战区司令长官驻淞沪游击队指挥部第五支队第四大队、苏鲁战区淞沪游击队暂编第三纵队等国民党部队番号，这也是后来当地群众统称浙东抗日武装部队为"三五支队"的由来。

1942年4月，华中局派谭启龙到上海。5月31日，陈毅、曾山电令谭启龙"立即去浦东转浙东主持"工作。6月，中共浙东行动委员会成立，谭启龙任书记，统一领导浙东部队的党组织和地方党组织。7月8日，华中局决定成立浙东区党委，由谭启龙任书记，何克希任军事部长。8月19日，成立浙东军政委员会，同月，在慈北鸣鹤场成立第三战区三北游击司令部，何克希任司令，谭启龙任政委。针对日军的"扫荡"，浙东区党委进行了反顽抗日自卫战争，取得了周家路、黄家埠、谢家塘、小越、梁弄等战斗的胜利，巩固了浙东抗日根据地，浙东区党委和三北游击司令部也先后进驻梁弄和横坎头。四明山抗日根据地初步建立，余姚的梁弄成为早期浙东抗日根据地的指挥中心。

浙东区党委在频繁的战斗空隙和艰苦的斗争岁月里，领导根据地军民开展了大生产运动。在经济方面，实行减租减息政策。在根据地内，放手发动群众，实行"二五减租"，废除了国民政府的各项苛捐杂税，规定抗日政府的收入为粮赋、货物税，坚持一物一税的统一税制。

1945年4月，浙东抗日根据地内的"中央银行"——浙东银行成立，发行"抗币"。浙东地区沦陷后，日本控制下的汪精卫伪政权于1942年5月在宁波设立了中央储备银行支行，次年又在余姚、镇海等地设立办事处。日伪凭借武力的保障占据中心城市，搜缴法币，强行流通汪伪政权储备银行券，浙东地区的金融逐渐被日伪所掌控。同时伪币不断贬值，导致抗日根据地的物资和给养遭遇到极大的困难，严重影响和阻碍了抗日根据地建设。为稳定根据地物价，保护老百姓的利益，加强对敌经济斗争，有效抵制伪币流通，制止敌伪利用伪币来搜刮解放区物资粮食，使人民免受伪币通货膨胀之苦，经浙东各界临时代表大会决定，迅速建立了金融机构——浙东银行。1945年4月1日，浙东区党委在余姚梁弄横坎头成立浙东银行，发布了《浙东银行条例》《浙东行政区抗币条例》。同日，浙东银行开始营业，浙东行署副主任吴山民任总经理，并在三北地区设分行，发行抗币，开展银行业务。为了发行根据地人民自己的货币，浙东银行在上海地下党和文化界人士的帮助下，完成了印钞铜版的制作工作，并把印钞版夹在书中，突破层层封锁，历尽艰险带到了三北地区。由于技术限制，上海运送过来的铜版无法使用，印刷工人发挥集体智慧，研制了石版，解决了印钞的关键环节。抗币由浙东报社印刷，印刷厂设在四明山抗日根据地，上虞县陈溪乡小陈村高苏自然村一位王姓农民家和海曙区群山重叠的章水镇杜岙村王家坪自然村各有一座。印钞版仅有边框、币值和图案，其他如银行名称、印章和号码等都是在发行时套印上去的。抗币开印时，第一道纸币工序在上虞县印制，印制后，在武装保卫人员的护送下，秘密运送到海曙的章水镇套印抗币上的号码，加盖正副经理图章，清数打包，再护送到余姚梁弄的浙东银行金库，后期印钞厂也搬到了章水镇。

这是一枚鄞江镇（现海曙区鄞江镇）商会组织发行的浙东抗币的临时辅币代用券伍角，是珍贵的革命文物，流通时间极短，回收彻底，存世极少。

鄞江镇（现海曙区鄞江镇）商会组织发行的浙东抗币的临时辅币代用券伍角

1945年8月15日，日本宣布无条件投降。17日起，浙东游击纵队开始向拒绝投降的日伪军发起大反攻。在广大民众的配合下，不到半个月时间，盘踞在四明、三北地区顽抗的日伪军被基本扫除，浙东广大地区人民获得解放。

政治、军事形势的迅速变化，使财政、金融战线出现新的情况。一方面，根据地迅速扩大，敌占区被迅速接管，急需大批抗币去占领市场；另一方面，根据地内经济活跃，商业兴隆，人们乐意使用抗币，市场对抗币的需求量大幅增加。然而，浙东银行的抗币因受材料、设备、技术和运输等条件限制，发行数量远远跟不上形势发展的需要，难以满足市场需求。针对这些情况，浙东行署一方面命令浙东银行加紧印发主币和辅币，增发本票，将内部使用的金库兑换券加盖印鉴后对外流通，组织各支行印制发行兑换券，一方面断然采取应急措施，允许各级地方政府及合作社、盐行、商会等经济团体印发兑换券和辅币，借以弥补抗币发行的不足，活跃金融市场。共产党领导下的商会发行浙东抗币的辅币就是在这一历史背景下出现的。1945年9月底，新四军奉命北撤，此类辅币大部分回收销毁，流通时间仅一月有余。

宁波海关见沉浮

——1946年浙海关镇海分关进口舱单

　　宁波海关历史悠久。早在五代时期，宁波便已设立博易务，允许南北贸易。宋代，因市舶收入颇丰，为加强贸易管理，朝廷开征贸易关税，在明州（今宁波）设立市舶司。宋宁宗即位后，宁波被升格为庆元府，并成为南宋对高丽、日本诸国贸易的唯一港口。元至元十三年（1276），元军攻占庆元府，次年将其改称庆元路，设提举庆元市舶使司，为"三司"（广州、泉州、明州）之一，至此，宁波开始在元朝繁盛的海外贸易中具有举足轻重的地位。明洪武十四年（1381），明太祖朱元璋以"海定则波宁"之意，改庆元路为"宁波"，并设市舶提举司。明中后期，海上贸易主要港口渐渐从福建漳州、泉州转移至浙东宁波，"以数十余之货，得数百金而归，以百余金之船，卖千金而返"，宁波海上贸易的兴盛可见一斑。

　　清初，清政府为防范西方列强及对付抗清将领张煌言和郑成功等人，开始实行"海禁"，严禁商民船只私自下海。但海外贸易的发展趋势已不可阻挡，纵万千阻拦，仍有不少商贩铤而走险，私自出海。加之海禁政策实施后，沿海地区民生困苦，繁荣不再，故康熙帝统一台湾后，便宣布结束海禁。

　　清康熙二十四年（1685），随着东南局势渐趋稳定，为了加强对海外贸易的控制、增加财政收入，清政府决定开放浙江沿海的"海禁"，允许浙江照福建、广东例，在宁波设立浙海关。浙海关称"浙海钞关"，正式以海关名称取代了过去市舶司的名称。浙海关官署位于海曙区城内（现海曙区鼓楼旁永丰库遗址内），成为与当时江海关、闽海关、粤海关并列的四大海关之一。又在江东包家道头（现宁波人民银行大楼旁）设浙海大关（后改称"浙海常关"）。在管理上，浙海关初设满汉海税监督各1人、笔帖式各1人，下设稿房、洋房、闽房、梁头房四房办事机构，实行"监督"制管理。康熙六十年（1721）后，由浙江巡抚兼巡监督。乾隆元年（1736）后，由宁波知府或宁绍台道兼任海关监督。浙海关的设立，推动了宁波对外贸易的繁荣。

乾隆二十二年（1757），浙海关奉旨关闭。道光二十二年（1842），清政府被迫签订不平等的中英《南京条约》，宁波被列为五口通商口岸之一。道光二十四年（1844），宁波正式开埠，辟江北岸为商埠。咸丰九年（1859）三月，英国人李泰国根据《中英通商章程善后条约》向清政府提出建立宁波、镇江等新关的书面建议，并要求概由外国人为税务司。咸丰十一年（1861），清政府批准在江北设海关税务司，建立浙海新关，由英国人任职，因其专管出入宁波港的涉外关务，故称"洋关"。海曙城内的原浙海关所在地成为浙海关监督驻地，又称"里关"。英国人华为士任第一任浙海关税务司，宁绍台道张景渠任第一任浙海关监督。在管理体制上，总税务司为最高长官，负责关员任免、关税征收，而海关监督的权限仅限于江东常关，经营沿海贸易与国际贸易的中国帆船与货物。从此，中国海关的行政权、人事权、征税权都由外国人控制，成为帝国主义对半殖民地半封建的旧中国进行经济侵略的前哨。同年年底，太平军攻克宁波城，驱逐浙海关监督、税务司，将设立仅半年的浙海关改为"天宁关"，严禁鸦片进口。同治元年（1862）清军收复宁波后，浙海关恢复办公。光绪二十七年（1901），清政府被迫签订丧权辱国的《辛丑条约》后，距宁波府城25千米内的常关，即江东、镇海两关，小港、沙头两口划归浙海关税务司兼管，常关的收入抵还赔款。25千米外的常关，如家子口（海门）、象山、定海、石浦、沥海口、江下埠等关口仍由海关监督管理征收。

南京国民政府建立后，开始部分收回对外利权。1931年初，实行裁厘，裁撤常关，海关监督的经费也由浙海关拨付。1933年10月，浙

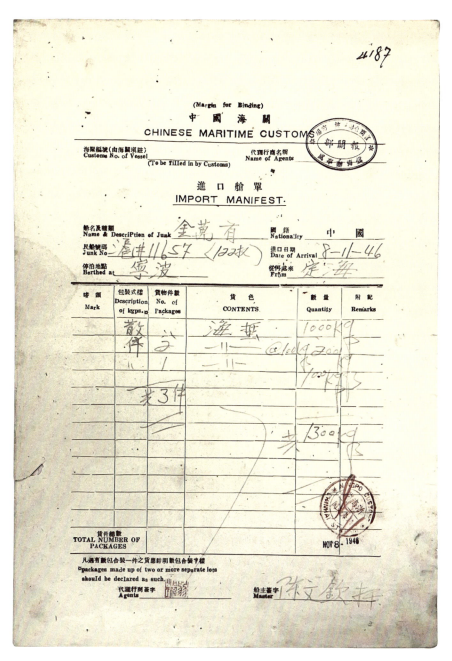

4187

(Margin for Binding)

中國海關
CHINESE MARITIME CUSTOMS

海關編號(由海關填註)
Customs No. of Vessel
(To be filled in by Customs)

代理行商名稱
Name of Agents

進口艙單
IMPORT MANIFEST.

船名及體類
Name & Description of Junk 金萬有　　國籍 Nationality 中國

民船號碼
Junk No. 港進11657 (122扒)　　進口日期 Date of Arrival 8-11-46

停泊地點
Berthed at 寧波　　從何處來 From 定海

嘜頭 Mark	包裝式樣 Description of kgps. g	貨物件數 No. of Packages	貨色 CONTENTS	數量 Quantity	附記 Remarks
散 件	字 1		海蜇 一一 一一	1000KG @100千 2000 7000KG	
	共3件			共13000斤	

貨件總數
TOTAL NUMBER OF PACKAGES

NOV 8 1946

凡遇有數包裝一件之貨應時明數包裝字樣
Packages made up of two or more separate lots
should be declared as such.

代理行商簽字
Agents　　　　　　　船主簽字
　　　　　　　　　　Master 陳文欽

1946年11月8日浙海关镇海分关的进口舱单

海关税务司一职首次由华人卢寿汶担任，从此结束了由外国人出任浙海关税务司的历史。

　　这是一张1946年11月8日浙海关镇海分关的进口舱单，是一艘名为"金万有"、牌号为"沪11657"号的货船，装载了一些海蜇，从定海进入镇海，向浙海关镇海分关申报，上有官商合办宁波市场镇海办事处报关部盖章和船主陈文钦签字，盖有"浙海关镇海分关"大印。海关是一个国家的重要主权，这张浙海关的进口舱单见证了宁波百年沉浮的历史。

一线联通你我他

——1947年宁波四明电话公司电话号簿

　　清光绪九年（1883），中国最早的电信服务机构之一——官督商办的宁波电报局宣告成立，当时仅有两部莫尔斯单工收发报机。1913年3月，王匡伯、王仰之、李徵五、朱葆三等集资2000股、资本20万元，创办宁波电话股份有限公司，地址在江心寺跟（现海曙区战船街53号）。5月5日，宁波电话正式诞生。后因连年亏损，于1920年4月解散。同年6月，其债权人注册，组建了四明电话股份有限公司，励树雄任总经理，续购瑞典交换机。

　　厉树雄（1891—1987），名汝熊，字树雄。浙江宁波定海人。光绪十七年（1891），厉树雄出生于上海书香官宦门第。曾祖父厉志，又号白华山人、白华居士，诗、书、画俱通。与镇海姚燮、临海傅濂并称"浙东三海"，著有《白华山人诗抄》《白华山人诗书画真迹》等。祖父厉学潮，曾任常州知府。父亲厉玉夔，27岁参加全省生员选拔获第一名，以拔贡生进入国子监，33岁英年早逝。母亲赵氏，是上海钱庄领袖、江苏候补知府赵立诚的三女儿。当时赵家的航运、钱庄等产业遍布宁波、上海、苏州、杭州等地，家道殷实，为甬城望族。厉树雄失去父亲后，和兄弟姐妹八人随母亲从上海回到宁波，在舅父家跟表兄弟们一起习读课艺。良好的学习氛围加上有才学的舅舅们的爱护和指导，使天资聪慧的厉树雄在宁波度过了快乐的少年时光，为今后事业的发展，打下了扎实的基础。受外公赵立诚的影响，厉树雄18岁就开始经商，走上了一条与哥哥完全不同的道路。清宣统元年（1909），厉树雄担任方氏地丰地产公司经理。次年，被聘任为上海华兴保险公司总经理。1915年，随时任北京政府工商总长张謇率领的商务考察团赴美国参观访问，并参加了巴拿马运河的落成典礼。据《中华游美实业团报告》："他（厉树雄）在美国考察中十分留意电灯和纺织两项实业。他当时已是上海丹麦商人慎昌洋行生意上的好朋友了，他还建议慎昌洋行的老板魏贺慕参加中国商务代表团一起到纽约，和中国商务界的代表进一步密切接触。"参观访问结束回国后，厉树雄进一步致力于实业的创办，涉足纺织业、公用事业、银行业、保险业、证券业、房地产业、信托业、煤电业、纺织业和绒线业等领域，其中致力最勤、用功最多的是房地产业和纺织业。1920年，厉树雄参与了盛宣怀四儿子盛泽承投资的丰盛实业公司，任常务董事兼副经理，经营房地产、保险和证券业务。由于精通英语，自1920年起，厉树雄任意商华义银行买办、英商会德丰有限公司买办。创办了宁波和丰纱厂、信和纺织厂、上海大陆信托公司和上海浦东纶昌纱厂等企业，并经营绍兴文明电气公司等电气企业。1920年，宁波电话公司因连年亏损，负债累累，宣布解散。为了保障宁波的正常通讯，厉树雄立即组织债权人增资收购重组，成立了宁波四明电话股份有限公司，亲自出任总经理、董事长。经过十多年的有序经营，改良设备，扩充电缆线路及总机容量，到1934年，四明电话公司已拥有用户1800户，总机容量达到饱和。同年，股东会决定增资扩容，敷地下电缆和架空电缆，新建和义路机房。厉树雄联络他人再次增资20万元，借款20万元，购战船街与和义路之间基地2.5亩（1亩≈666.67平方米），聘国外建筑专家林士浩设计，俄籍建筑师托巴林为监督指挥，由上海范明记营造厂承造了一座三层钢筋混凝土大厦供四明电话公司使用。大厦于1935年4月落成，7月15日正式通话，装瑞典共电式交换机2500门，进一步推动了宁波通讯事业的发展。作为当时的一个"奢侈品"，电话在那个年代用起来一点也不方便。欲说话时须先摇铃三，转将听筒取置耳边，俟公司答应即告以所要之号数，听筒仍置耳边，一听彼户答应即可与之说话，说完后将听筒置于机上摇铃一转以示谈毕。装机地点须择一刻不离人之处，每次传话以五分钟为度，如因要事必须延长时刻须先行告知，各装户不得在电话机上互相争执及传唱歌曲等，违者即时拔断并停机三天。

1946年1月倪维熊任经理，1949年初，有职工219人，交换机容量3000门，其中磁石式500门，用户2897户。

1954年4月19日，公司参加公私合营。1958年8月29日，四明电话公司归并市邮电局。1984年10月，市电话公司成立，受省邮电管理局、市政府双重领导，为国内首家由邮电部门与地方政府合资企业。1990年，有职工337人，交换机总容量3万门，电话机1.96万部，固定资产5038.64万元。用户小交换机总容量2.88万门，电话机1.91万部。

图中是一本极其难得的保存较为完好的1947年宁波四明电话公司电话号簿。翻开这本电话簿，可以看到当时有很多单位和商家已经同

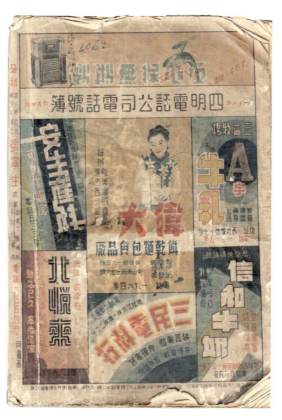

1947年宁波四明电话公司电话号簿封面

疾得甯眼藥水

金融欄 錢莊

錢莊	號碼	地址
和濟錢莊	2254	槐樹街五八號
洽利浤錢莊	977 / 2312	江廈街一大號
洽盛錢莊	223	中山東路
盈豐錢莊	1401	方井巷六號
盈元錢莊	1593	方井街五七號
信昌錢莊	780	中山西路二號
通泰錢莊	2356	江廈街八三號
通記錢莊	1884	江廈街八三號
崇昌錢莊	2121	西路路二三號
崇和錢莊	1578	灣樓街二四號
晉恆錢莊	359	江廈街一五號
晉康錢莊	2077	江廈街一五號
晉祥錢莊	686 / 1962	江廈街八○號
祥豐錢莊 營業室	691 / 2204	江廈街大四號
惠大錢莊	1981	中馬路六六號
富鴻錢莊	1757	方井街九號
潤康錢莊	295	漼衡街一九號
慎康錢莊	1144	江廈街六一號
慎餘錢莊	859 / 1714	江廈街三一號
瑞康錢莊	2160	江廈街八五號
瑞豐錢莊	775	江廈街八三號
源康錢莊	312	苍水街二六號
源豐錢莊	1787 / 2494	草橋路一二號
誠大錢莊	1220	江廈街一二號
銘盟錢莊	1090	江廈街一二號
新豐錢莊	1898 / 2225	江廈街四七號
滋康錢莊	1443	東渡路七二號
餘康錢莊	2387	江廈街五七號
	439	江廈街五七號

偉達藥房 寗製總經理

打電話請先查報號碼

抗痢甯 治專 痢疾 腸炎 吃壞腹瀉

海上 總經理寗發行 偉達藥房

錢莊/商號	號碼	地址
期恆錢莊	481 / 1343	江廈街一○三號
福利錢莊 經理室	1364 / 2386	江廈街三一號
祿生錢莊	2149	江廈街
寶祥錢莊	369	苍水街二號

甯莊客莊

元發寗莊	735	柴行街一五一號
甯慶泰寗莊	386	江廈街二九號
恆統永甯莊	1423	同興巷六號
晉昌甯莊	2222	外馬路三號

典當

生泰當	705	柴奎巷三號
長興當	730	苍水街一六七號
長裕當	1661	柴衡街
裕通當	1115	中正南路三○一號

保險

天一保險公司	2156	方井街一八號
太平保險公司	391	外馬路一六號

市場

寗波魚市場	530	浙江路
經理室	2036 / 1003	江東路天后宮
棉紗市場	1178 / 127	和義路

文具紙號

商號	號碼	地址
三德紙行	1462	福河衝二六二號
光華紙號	1599	江廈街二八號
同昌紙號	1348	車橋
協記紙號	1191	九號
海昌紙號	817	汽廈街九號
瑞昌紙號	2336	東渡路
新時代中國文書局	662	
福甯紙號	64	靈橋路二六號
慎昌紙號	1079	
燥隆紙號	302	中馬路八八號
翰墨山房羊毫文具號	1905	東渡路八號
楊任閣曼羊毫文具號	1593	公園路

金融欄

銀行

銀行	號碼	地址
中央銀行	632 / 760 / 1970	界馬路
中央銀行兌換系	478	界馬路
中國銀行	36 / 37	界馬路
中國銀行甯門關事處	143	中山東路
交通銀行	91 / 143	中山東路
中國農民銀行	146	江東路
中國農民銀行通匯宗	147 / 440	江東路
四明銀行	112 / 1102	京石
四明銀行儲蓄勝匯處	1241	江廈街
錢莊聯誼會處	1184	中山東路

銀行	號碼	地址
浙江地方銀行	47	界馬路
寗波分行經理室	58	中山東路
甯門辦事處	59	中山東路
浙東銀行	625	江廈街一五號
聚興銀行	972	江廈街
怡華銀行甯波辦事處	2230	界馬路
實甯中國通商銀行	2278 / 2279	界馬路
甯波中國實業銀行經理室	2562	江廈街一九號
營業室	2556	江廈街
寗波中國農業銀行	2491 / 2506 / 2507	江廈街
鄞縣縣銀行	39 / 69 / 79	江廈街

錢莊

錢莊	號碼	地址
大源錢莊	1791	江廈街四五號
先生錢莊	2286	合泰巷三號
元亨錢莊	1920	江廈街五號
天成錢莊	2080	柴橋街二二號
天成錢莊	2435	江廈街二三號
天豐錢莊	26	江廈街八號
仁昌錢莊	1979	開明街八一號
仁源錢莊	785	中山東路二七號
仁豐錢莊	1548	方井巷五號
永泰錢莊	771	江廈街
營業室	1924 / 181	江廈街一八○號
恆元錢莊	542 / 1288	江廈街四八號

1947年宁波四明电话公司电话号簿内页

时拥有多部电话，其中四明电话公司的电话号码数量最多，经理室、工程师室、监工室、文书室、会计股、营业股等都有专线号码。电话簿中信息丰富多彩，包罗万象，记录了宁波这座城市的方方面面，集中反映了民国时期甬城商业发达的景象，钱庄、米行、肉店、布庄、银楼、药业、旅馆、洋广货、南北货、鲜咸货、鱼行等各类和老百姓生活息息相关的行业蓬勃发展，已经形成了明显的"三圈"，即商务圈、服务圈、生活圈。商务圈内有报关行、银行、洋行、钱庄、保险公司，服务圈内有饭店酒楼、照相馆、娱乐场、百货店，生活圈内是小菜场、南货店、咸货店。八成商铺集中在如今的海曙区，尤以东大路、江厦街、药行街一带最为兴盛。如江厦街，前半段是银行和钱庄的天下，后半段是咸货和海味的汇集地。当时甬城八大银楼有六家设在东大路，民间素来流传的"走遍天下，不如宁波江厦""无宁不成市"等俚语，真是名不虚传。通过这本电话簿，我们还可以看到，民国时期各商家在注重商品质量的同时，也非常注重商情信息的宣传，就是这么一本电话簿，除了专门的页面插图外，每一页电话信息的上下左右空白处，几乎都有商家的广告，每个商家的广告词也颇有讲究，有的侧重讲产品的实用，有的侧重介绍商品的价值。电话簿中寸土寸金，当时的广告不仅有利于四明电话公司的盈利和设备的改造升级，而且记录下的每一个文字都为我们现在的研究留下了极其重要的信息，可以说，四明电话公司的电话簿就是宁波这座城市当时的一个缩影，是一个时代发展的见证。

幼教专家张雪门
——1947年张雪门编《幼稚园教育概论》

张雪门（1891—1973），原名显烈，字承哉、尘芥，著名学前教育专家，宁波第一位中国人自办幼稚园的园长。他在青年时期对幼儿教育产生兴趣，到沪、宁一带参观时，目睹一些日本式的蒙养园或教会办的幼稚园对幼儿的不良影响，深感痛心，遂立志投身幼教。他通过社会调查、参观访问，拟定了"幼稚园第一季度课程"，发表在《新教育评论》上，引起同行的注意。1912年，任鄞县私立星荫小学校长。1918年，任星荫幼稚园园长。1924年，入北京大学，研究幼儿教育。相继出版译著《福禄贝尔母亲游戏辑要》和《蒙台梭利及其教育》。1926年，在《新教育评论》上发表《幼稚园第一季度课程》。同年秋，返回孔德学校任小学部主任，兼任《新教育评论》编辑。1928年秋，主办中法大学孔德学校幼稚师范科，并创办艺文幼稚园，作为师范学生实习场所。1930年秋，应北平香山慈幼院院长熊希龄之聘，编辑幼稚师范丛书，并在香山见心斋开办北平幼稚师范学校，任校长。1931年，"九一八"事变爆发后，开始幼稚园行为课程研究。1932年，应北平民间大学、中国大学、天津女子师范学院之邀，讲授《幼稚教育》。当时国内幼教界有"南陈（鹤琴）北张（雪门）"之说。1937年7月，卢沟桥事变爆发后，去广西桂林，主持香山慈幼院桂林分院，兼任桂林幼稚师范学校校长、广西女子师范学校校长，致力培训幼教师资。1944年，桂林幼稚师范学校迁重庆，进行儿童福利制度实验。张雪门认为，"中国社会的贫、弱、愚、私则在

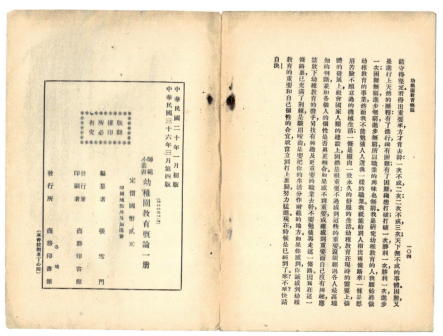

张雪门编著的《幼稚园教育概论》

幼教专家张雪门

089

于国内封建的势力未曾铲除，而国际上帝国主义的侵略日益加深。此后若欲改革中国社会的病态，走上光明的大道，则其革命不在枪炮而在教育，应通过教育培养国民生产的习惯与兴趣，团结的能力，客观的态度，自动的精神，并唤起民族的意识及反帝国主义的情绪。"

这本张雪门编著的《幼稚园教育概论》，1947年由商务印书馆发行。1912年，张雪门受邀出任鄞县私立星荫学校（现宁波市海曙中心小学前身）校长。1918年，星荫学校校董、鄞县潘火桥旅沪富商蔡琴荪欲耗400块银圆，为其母做50大寿，后经母劝说"不如将此款筹划办一所幼稚园"。8月，蔡琴荪遵其母嘱，在星荫学校附近的参议庙创办了星荫幼稚园，聘请张雪门为首任园长。张雪门由此成为我国历史上第一位男性幼儿园教师，开始了终其一生的实践和研究。星荫幼稚园成为张雪门投身幼教事业的第一块试验田。他完全摒弃了蒙养院和教会幼稚园的教学方式，强调释放幼儿天性，提出著名的"儿童本位"思想，主张不要"老鸡骂小鸡，你这蠢东西！我教你的咽咽咽，你偏说是叽叽叽"，使儿童被动地变作不幸的小鸡。他认为幼稚园就是要让孩子会玩、能玩，增进儿童身体的健康与快乐，使儿童从游戏中获得交换知识技能等，长大后才能拥有适应社会的能力。他一生都在为中国的幼教发展呕心沥血，即便是晚年眼睛失明，半身不遂，他也没有完全放弃幼教工作，演讲、授课、著书，一样没丢下，《幼稚教育》《幼稚园课程活动中心》《幼稚园行为课程》等十几本专著，都是他在眼睛几乎失明、手脚失灵、耳朵失聪、身体状况极度糟糕的情况下完成的，一生著作达200万字。1973年张雪门逝世，享年83岁。他用一生向世人证明——幼教是一个值得全身心投入的职业。

宗族合办老银行

——1948年惇叙商业储蓄银行宁波办事处支票

蔡氏,以蔡国为姓氏。蔡国始封之君为蔡叔度,周文王第五子。公元前447年,蔡国为楚国所灭,子孙以蔡为姓氏。永嘉之乱中,原蔡姓家族开始大举南迁。南宋建炎元年(1127)二月遭金兵焚掠之战乱,始祖靖庄公携眷迁入鄞州丰乐乡蔡家弄定居,此乃鄞州蔡氏之起源。靖庄公聚居蔡家弄至六世,有一重玄孙蔡楷,字子式,生于宋淳熙三年(1176)。一日蔡楷放鸽嬉戏,不想鸽子飞至潘火桥,求见御史,寻找失鸽。御史相见后,见其人品不凡,遂将女儿许配与他。蔡楷至潘火桥为王家婿,即为潘火桥一世祖"千八一公",史称"飞鸽追踪缔结良缘"。从此飞鸽成为氏族之会旗,迄今800余年。

1921年初,宁波鄞县蔡氏旅沪族人蔡仁初、蔡芳卿、蔡钦生、蔡和镛、蔡良初、蔡升初、蔡同滋等聚集在一起,商量筹办一家银行。由于当时资金紧张,只能办规模小的银行。蔡氏家乡宗祠祠堂名为惇叙堂,故大家一致将新建的银行命名为惇叙银行。

1921年8月31日,惇叙储蓄银行成立,总行地址在上海天潼路152—153号。董事长蔡荣传,总经理蔡松甫。1930年6月,改名为惇叙商业储蓄银行,移至天潼路和乍浦路转角处,领有财政部银字第1423号执照。

惇叙银行是一家家族式银行,在当时甚为少见。其宗旨是"劝导族人储蓄,便利族人营业,回转资金"。为回报同宗族人,银行开办后即制订了便于族人汇兑的优惠措施："储蓄款项不拘多寡，利息悉从优厚，手续简便，办事敏捷。"为便利沪甬两地汇款，1936年2月，惇叙商业储蓄银行拨资金5万元，呈准财政、实业两部，于宁波分设办事处，地址在江厦街112号（现海曙区江厦街道）。宣告"凡吾同宗，如有汇款至甬，所有汇水以及手续费一概免费"。惇叙商业储蓄银行的发起人、组织人、投资人和领导人，均为鄞县蔡氏旅沪族人。第一任董事长为蔡仁初，董事为蔡和铺、蔡钦生、蔡良初、蔡仁初、蔡芳卿，监察人为蔡冠荪，蔡善舫总经理为蔡同滋，连任至该行停业结束。员工9人，有存款10万元。既未加入钱业公会，亦未加入银行公会，名为"惇记银行收钞办事处"，实为现兑庄性质的"惇记庄"。该行的业务项目包括存款、放款、汇兑、贴现、储蓄等，办理商业银行一切业务。通汇地点为宁波、杭州、无锡、苏州、绍兴、百官、柴桥、梅墟、上虞、周巷、奉化、小越、崧厦、岱山、大碶头。1932年底，各项公积金0.2万元，存款总数78.7万元；1933年底，公积金增至3.1万元，存款总额增至92.9万元。

　　1941年4月，宁波沦陷，该办事处宣告结束。1946年6月，惇叙商业储蓄银行宁波办事处复业，同年10月15日改为分行，资本由总行调拨法币500万元。员工增至12人。1949年1月，该行董事长为蔡荣傅，总经理蔡同滋，副经理蔡体仁、蔡荣卿，襄理蔡同煦、蔡荣卿。虹口支行经理蔡康琪，宁波分行经理蔡同浩，杭州分行经理毛栽柱。1949年9月20日行址被炸，1950年6月17日呈准歇业。

　　这是一张1948年宁波潘火蔡家人开设的惇叙银行宁波办事处照付的支票，见证了蔡氏宗亲开办银行的历程。

1948年宁波潘火蔡家人开设的
惇叙银行宁波办事处照付的支票

颜料大王周宗良

——1948年康元制罐厂公司股票收据

周宗良，又名宗亮，清光绪元年（1875）出生于宁波鄞县城区（现海曙区）。其父在做牧师的同时，经营着一家规模不大的油漆店。周宗良早年就读于英国牧师阚斐迪所办的斐迪书院，这段经历为他以后的发展奠定了很好的基础。毕业后在宁波海关担任译员。他勤奋好学，并有意识地与海关中外籍职员交往，借以练习英语口语。几年后跳槽至德国爱礼司洋行在宁波开设的经销行——美益颜料号工作。

19世纪末以来，随着机器织造纺织业的兴起，颜料成为大宗进口商品。由于其市场需求大、利润丰厚，吸引了不少中国商人逐鹿其间。当时进口染料在我国尚未完全打开市场，在我国经营染料业务的德商洋行有禅臣、元亨、谦信等十多家，竞争非常激烈。有一次，谦信洋行大班轧罗门、上海瑞泰颜料号杨叔英等人到宁波推广业务，无奈宁波当地颜料号经理大都不懂外语，遂请周宗良担任翻译，其得到轧罗门和杨叔英的赏识。后经杨叔英介绍，周宗良到上海德商谦信洋行工作，在买办也是同乡的姜炳生手下担任跑街。谦信洋行主要经营洋杂货及西药、机械进口等。周宗良积极拓展业务，奔走于全国各大城市。他每到一地，就用各种办法与当地颜料号经理、染厂负责人，乃至棉布号老板等联络，向他们了解当地流行什么花色，各类染料的年销量，各染厂习惯使用的染料牌号。又通过多种方式了解各颜料号、染厂的资金和信用情况，以及它们与谦信洋行之外的竞争对手的业务往来和销售价格、付款形式等。此外，他还利用交际场合，详尽地介绍谦信洋行商品的特色，为染厂指导使用方法。根据了解到的情况，针对客户的不同需求，谦信洋行采取以赊账优待、提高销货回扣率、适当降低售价等多种方式打压竞争对手。经过周宗良的积极努力，谦信洋行的业务有了大幅度增长，联络的客户也越来越多。清宣统二年（1910），经上海颜料业巨子瑞康颜料号经理贝润生保荐，周宗良代替姜炳生出任谦信洋行买办，由此开始了其长达35年的买办生涯。

1914年，第一次世界大战爆发后，在华的外国商人纷纷回国，轧罗门将谦信洋行的全部不动产交由周宗良保管，全部栈存染料也折价赊归周宗良所有。由于大战期间德国染料来源中断，染料价格一路飙升。周宗良手中的大量栈存染料变成了巨额财富，周因此成为颜料大王，获利巨丰，成为沪上富豪。电视剧《向东是大海》便是以周宗良及其所处时代背景为原型拍摄的。

周宗良跟很多宁波前辈一样，在上海赚了大钱后，把上千万元的现银陆续汇回宁波，存入宁波本地钱庄。后来周不愿意将大量的资金闲置，想要汇回上海。如果这笔巨款汇往上海，宁波钱庄的存款会大减，势必要从各地收回贷款，这对宁波整体钱业影响太大。于是宁波钱业界以陈子煊为主进行策划，联合起来，操纵钱业市场，通过抬高现水升水，影响规元（记账用，并无实银）价格，阻止宁波现银汇沪。即使不成功，也可以从规元的买卖中获得较大的收益。现水是现金升（贴）水的意思，就是记账货币与现金之间的价格差异。通俗点说，就是如果客户要从钱庄中提取现金，需要给钱庄一部分折扣或者手续费，这个折扣和手续费就是现水。

周宗良发现当时宁波钱业的现升是16～17元（也就是宁波钱庄账上的100过账洋，到上海取现银出来只剩83～84元），他的存款买成规元要损失100多万元，这是他绝对不愿意看到的。于是他精心设计和布局，与贝润生一起在宁波合开恒孚钱庄，又从上海汇入规元20万，假手宁波大同行元益钱庄办理交易，造成规元供应充足的假象，暗度陈仓。果然在短时间内元价现水就回落到了6～7元。

周宗良利用舆论工具，每天在《时事公报》上公布每家钱庄的多缺单情况。此外，周宗良还利用他的好友兼合作伙伴贝润生中国银行董事的身份，借助中国银行的强大实力，来挤压宁波的缺单钱庄。除了合作开设恒孚钱庄外，周宗良又开设同益银公司，会同杭州、宁波两地的中国银行，先后运来现洋100万元，避免了现水损失。周宗良还运用政治手段，通过活动省府官员，以行政命令来消除现水。这波平抑现水的斗争，最后以周宗良大获全胜而告终。客观上对解决困扰宁波金融市场60多年的现水问题起到了明显的促进作用。此后，现水现象虽然仍时有发生，从未根绝，但其幅度已经大大减小。

后来，周宗良把巨额资金投资于金融和工商各类企业。1923年，经浙江实业银行经理李铭之邀，周宗良入股浙江实业银行，担任该行董事，后与李铭、钱新之一起成为该行大股东。后来又任中国垦业银行董事。1927年后，周宗良经李铭介绍，担任中国银行董事，后又担任中央银行理事政府公债基金保管委员会委员。在投资上海钱庄方面，有瑞昶、滋康、志裕、宝丰、恒隆、恒大和恒生等，在沪上金融界占据一席之地。

这是一张1948年康元制罐厂股份有限公司的股款收据，上面有董事长周宗良的签名和盖章。康元制罐厂由留日返沪的项康元先生于1922年在上海开办。1927年，引进先进的管理理念，获得超常规发展。1932年，资本额从初创时的5万元增加到175万元。康元厂成为全国著名的制罐厂。1933年，合并香港华兰制罐厂，改制为中国康元制罐厂股份有限公司。对外发行股票，是当时中国最大的印刷制罐公司。从此股票收据实物看，董事长为周宗良，其他文献资料中并未提到周宗良担任此公司董事长的记录，想来是周宗良在平抑宁波钱庄业的现水之后，把大量资金投资于金融和工商各类企业，在1933年之后收购了康元制罐厂股份有限公司。这是周宗良在工商业界成就的重要力证。

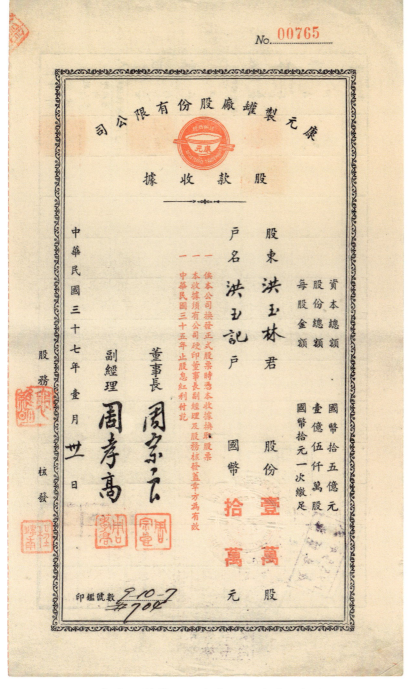

康元製罐廠股份有限公司

股　款　收　據

股東　洪玉林　君

戶名　洪玉記戶

資本總額　國幣拾五億元

股份總額　壹億伍仟萬股

每股金額　國幣拾元一次繳足

股份　壹萬　股

國幣　拾萬　元

一、倸本公司換發正式股票時憑本收據換取股票
一、本收據須有公司硬印董事長副經理及股務核發蓋章方為有效
一、中華民國三十五年止股息紅利付訖

中華民國三十七年壹月廿日

董事長　周宗良

副經理　周孝高

股務

核發

印鑑號數 9-10-7 ＃704

1948年康元制罐厂股份有限公司的股款收据

百年文翰振书香
——1949年翰香小学成绩报告单

　　翰香小学是宁波小学中的一所百年名校，闻名华东。

　　学校最早可以追溯到清同治年间由鄞县举人陈愈守创办的私塾，取"文翰振其书香"之意，命名翰香。光绪三十二年（1906），陈稻笠将其改办为翰香小学堂，开启了现代学堂的教育模式。学校尚未建成，陈稻笠去世，世伯子子芹、叔陈子泉及孙陈蓉馆等，秉承遗训，办起学校。1924年，学校毁于火，陈子泉在日湖后购得一块空地，为明代余相国的飞盖园旧址，于是在此兴建校舍，学校渐成规模。1926年10月13日（九月初七），时值创始者陈稻笠冥寿之日，举行了学校落成典礼。

　　翰香学校不仅有小学，还开设有幼儿园。1936年前，学校约有学生600人时，无论是学校规模还是教学质量，学校在浙东都数一数二，有"中学效实，小学翰香"之誉。学校非常重视学生的素质培养，专门购置了全套的《四库全书》《万有全书》等书籍，图书室内书籍种类繁多，藏书丰富，为宁波各学校所少有。学校还注重培养学生的各项技能，校内开设有小银行，专供商专班学生实习。学校还有一块菜地，专供学生种植各类花果蔬菜，进行农事劳作。更特别的是，学校内还开设有小法院，从院长到警察、审判员、律师，都由学生担任，自订法规，学生一旦违反校纪校规，就由小法院负责审办，以此培养学生的自治和法律意识。

　　翰香小学也是宁波早期革命的发源地，早在"五四运动"时，翰

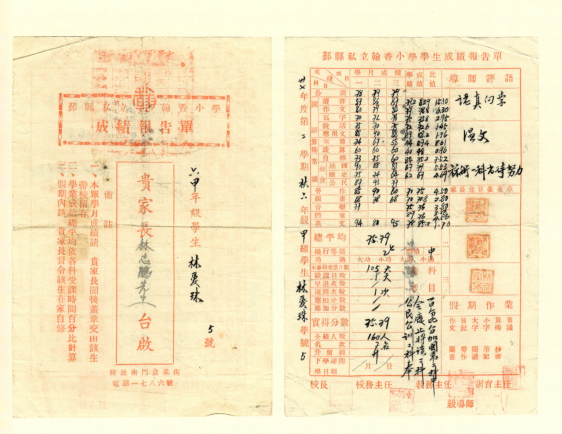

1948年第一学期秋六年级一位林姓学生的成绩报告单

香就率先响应，实行文言文与白话文并重的方针，提倡新文化，保持旧文化。1927年，"四一二"反革命政变后，翰香学校教师应裴章、张守瑜参加进步活动，应裴章曾在学校内主编革命报刊《晨报》，不时揭露国民党的腐败，宣传革命思想。

翰香学校虽是一家陈氏创办的私立学校，但其校董多由宁波的社会名流担任，如赵芝室、张申之、周大烈、孙性之、俞佐宸、金臻庠等，这也使得翰香学校办学立足高远，办学理念和思想紧跟先进文化思潮，蔡元培、马寅初等知名人士都曾应邀来校演讲。学校也培养了著名作家、《文汇报》高级编辑徐开垒，香港著名企业家袁勃，宁波市副市长朱尔梅等一批优秀毕业生，校友中还有几人为中国科学院院士。

学校对面是余相国家仓，故学校所在街以仓基得名。新中国成立后，一度更名为宁波市仓基街小学，1988年5月13日复名。2013年9月，学校与解放南路小学合并，仍沿用翰香校名，迁往莲桥第新校址。翰香小学原址现存一幢二层教学楼、《子泉记》碑、《翰香学塾碑记》等，2010年被公布为海曙区文物保护单位。

这是一份1948年第一学期秋六年级一位林姓学生的成绩报告单。可以看到，当时学校称"鄞县私立翰香小学"，在校名中间，还赫然印着一个由翰字变形而来的校标。成绩单中，可以看出当时学习的课程有公训、国语、算术、常识、英文、体育、音乐、国画、劳作等各课，而国语又细分为读书、作文、写字、说话、应用文各课。可见，当时对学生的培养教育相当全面和细致。

一份成绩报告单承载着翰香小学历史的记忆，述说着百年老校的辉煌。

国货之光李康年

——1949年中国国货股份有限公司股票

李康年（1898—1964），又名李良康，出生于宁波濠河头（现海曙区）。父亲李国磐是晚清秀才，曾任西隅小学校长。受家学熏陶和严父教导，李康年从小读书很多，打下了较好的古文和书法基础。

1913年，进宁波大昌纸号当学徒，出师后任该店司账。李康年在任职期间锐意改革，采用当时尚属罕见的中式账册记账。

1921年，李康年进宁波棉业交易所任秘书，任职四年。1925年，经人介绍到上海，在爱国实业家方液仙独资创办的中国化学工业社任总务科长，开始结识方液仙的好友黄炎培、胡厥文、蒉延芳、徐永祚等工商界名流。

1931年"九一八"事变爆发，李康年奉行"实业救国"，提出了集合国货工厂，举办联合商场，谋求推广国货产品销路的建议。方液仙采纳了这个建议，并委托李康年主理此事。

李康年即与国货工厂联系，共有中国化学工业社、美亚织绸厂、五和织造厂、华生电器厂、鸿兴布厂、华昌钢精（铝制品）厂、中华珐琅（搪瓷）厂、亚浦耳灯泡厂、华福帽子厂九家参加，组成"九厂国货临时联合商场"，并觅得南京路、福建路绮华公司的旧址作为场地，于1932年"九一八"事变周年纪念日正式开幕。当时群众在爱国思想的激发下，都愿买国货，故生意十分兴隆，营业始终不衰。李康年由此看到了长期固定设置国货销售商场的发展远景，起草了一份筹设中国国货公司的计划书，又得到方液仙、李祖范等人的同意和支持，筹集资金10万元，租得南京路上的大陆商场（今东海大楼）的铺面和二楼，取店名为"上海中国国货公司"，于1933年2月正式开业。其与永安、先施、新新并列为沪上四大公司。

1937年，李康年集资接办因经营不善而遇到困难的生产"狗头牌"纱袜的鸿兴袜厂，任董事长，整顿后袜厂销路大有起色。

1941年，太平洋战争爆发后，日军进入上海租界，对抵制日货提倡国货的中国国货公司颇有意见。一天，一名日本商人带着两名全副武装的日兵来到中国国货公司进货部寻衅，蛮横地要求推销日货。李康年不卑不亢地告诉日本人，这家公司在开办时即在章程中规定只售本国货，不销外国货，不但不卖日本货，其他如英国货、美国货、法国货都不卖。章程规定如此，所以招牌就叫中国国货公司，不叫中国百货公司。中国国货公司是股份有限公司，自己是代理人，无权做公司章程规定之外的业务。日本商人见李康年的回答无懈可击，只能带着两名日兵悻悻离去。李康年为了对付日本侵略势力的步步紧逼，坚持拒绝代销日货，在公司三楼辟一密室，约会知友和公司董事等人聚餐，谈论国事，商讨对策，以后规定每星期五聚餐一次，取名星五聚餐会。这个聚餐会，便是抗战胜利后李康年、王性尧等参与其事的扩大为500余人的"星五聚餐会"的前身。

1937年，李康年创办了萃众毛巾厂，自任经理。萃众毛巾厂所产的钟牌414毛巾以质量取胜。原来钟牌是毛巾的牌名，414不过是毛巾的货号，后来因为毛巾质量好，为人民群众所乐用，就以讹传讹，以为李康年是故意起名414，是叫大家"试一试"的意思。

中国钟厂，是李康年在方液仙的支持下，于1947年创办的。他在担任中国钟厂总经理时，聘阮姓工程师设计制造出轴芯细、摩擦力小、一次上发条能走15天的三五牌挂钟、台钟。这种钟用活摆装置，可以倒顺拨时，虽挂摆歪斜，也能照走不停。为此，李康年用了两句广告用语："挂歪摆歪虽歪不停，倒拨顺拨一拨就准。"反映了三五牌钟的质量和制作精细。因此三五牌钟问世后，博得社会好评，至今在同类产品中还继续保持畅销势头。

解放战争时期，上海各界爱国民主运动趋向高潮。李康年自我标榜"不问政治"，但国货公司有进步职工从事各项活动，还有两位员工是地下党员，后来去解放区时，李康年也曾给予掩护和资助。

全国解放后，经申请批准，中国国货公司于1952年夏停业，职工由政府安排转业。萃众、鸿兴、中国钟厂也经李康年申请，于1954年被批准为公私合营企业。这一年，李康年参加了中国民主建国会。

1957年，李康年被错划为右派分子。1961年，摘掉右派帽子。1963年，因病在上海逝世，终年65岁。1977年，他的被错划右派问题，得到复查改正。

这是一张1949年中国国货股份有限公司股票，由董事李康年签名盖章。票面中间是规模宏大的中国国货公司商场图像，还有政府盖章的印花税票。中国国货公司要在名店林立的南京路上竞争取胜，必须具有自己的经营特色。李康年用激动人心的爱国词语在各大报上刊登广告，并以"请中国人用中国货"的巨幅标语悬于通衢大道。这样做既配合了当时的政治形势，也鼓舞了广大市民的爱国热忱，获得了极好的效果。它除现进畅销国货商品外，又吸收国货厂商寄售商品，售后付款，并专辟橱窗陈列各种新产品。李康年严格要求营业人员熟悉本身业务，热情向顾客介绍商品知识，上柜佩戴编号的公司徽章，衣着整洁，礼貌对待顾客。他还特设"九九商场"，将几种小商品搭配成扎，售价为0.99元，即不满一元。其中有的商品虽有亏蚀，但可搭销一些滞销货，给顾客以国货公司售价低廉的印象，获得了人们的好评。李康年还在公司内举办时装展览，吸引顾客前来参观。后来，他还在中国国货公司内开办了规模颇大的饮食部，供应饭菜、酒食，并高薪聘请清宫廷御厨名师指导烹饪技术，售价只求保本。此举招徕了大批食客，他们餐后顺便在商场浏览，购些日用商品回去。国货公司还送货上门，货到收款，发行礼券，代送婚丧礼仪。李康年除在上海小东门及新闸路设两个店外，又在湖南长沙增设分店。李康年在中国国货公司还首先建立了国内健全的会计制度，采用复式簿记。

这张股票是李康年提倡国货和爱国的见证，也是他一生商业活动最大特点的标志。

1949年中国国货股份有限公司股票

赌气成就老字号

——1949年天胜照相馆摄宁波富康钱庄老照片

1924年的一天，上海裘天宝银楼的老板之子裘珊，带着几张底片去宁波老外滩边著名的明星照相馆扩印几张照片，想要马上带走。但店小二表示，裘珊虽是该店熟客，也不能做到马上冲印。店小二随意说道："没有那么快，要那么快自己去开店啊！"无意中点燃了这位阔少的斗志。江北区裘墅镇的裘家是甬上赫赫有名的望族。裘珊的父亲在上海开设了多家银楼，财力十分雄厚。裘珊从小在父亲的熏陶下，对经商十分感兴趣。成年后，本要继承家族产业的他，却因为一句气话，成就了一个百年老字号。一个月以后，在隔着明星照相馆几个店面的地方，裘珊开设了一家天胜照相器材行，规模之大，甬上罕见。

20世纪20年代中期至30年代中期，天胜照相馆几乎成了甬城照相行业的标志。去天胜拍一张全家福，成为很多宁波人家的愿望。后来裘珊陆续在宁波、杭州创办了天胜、珊珊照相馆。当时天胜照相馆在宁波，乃至整个浙江省，都有很大名望，招牌也是别出心裁，"天胜"两字寓意美好。

在天胜照相馆出现之前，宁波也有不少照相店，如"二我轩""容华阁""明星"等，大多开设在城隍庙及江北岸一带。"容华阁"中等规模，当时所拍照相，均系室内旧式布景，采用国产原材料。玻片及国产照相纸感光较慢，质量较差，其他设备也甚陈旧。橱窗布置大都是剧照和仕女相片，服务对象多为上层人士，普通老百姓很难光顾得起这样的店铺。见多识广的裘珊巧妙地避开了这个问题，他把天胜照相馆分为上下两层，普通百姓可以在一层挑选他们喜欢的照片布景、照相纸张等，而二层专门用来接待上层人士。这样一来，不仅节省了人力，还做到了一对一专门服务，大大提高了工作效率和营业额。天胜照相馆的职工上班必须穿西装，营业时要佩戴服务证。裘珊还采用了一套资本主义的经营方式，也就是所谓"西洋化"治店。天胜照相馆的一部分技术职工是从上海等地用高工资雇来的，摄影、修底由技术较好的职工担任，一般的辅助工作则由学徒工来做。职工的工资比一般同行高出50%左右，而学徒工每月除了领月规钱，月底还有头名获额外补助的红包奖励。每年年终，还另增发1~3个月的工资。由于采用了这些现代化的奖励机制，职工们都能安守本位，全心效力。裘珊还教育职工，对待顾客要像亲人一般；若与顾客口角，轻则批评，重则开除。生意鼎盛期，天胜每天的营业时间从8小时增加到12小时。当时天胜还规定，顾客对所拍照片若不满意，可以不收费并重新拍照，直到满意为止。

裘珊在宁波除了从事照相业外，在其经济全盛时期还相继开设了民光电影院、青年会电影院、同兴菜馆等。

抗战前，国民党政府要发"国民证"，老百姓都要有这种"国民证"。如此一来，照相业务量突然上升，宁波的一些夫妻照相店纷纷下乡拍照，而当时的摄影原材料都掌控在天胜手里，裘珊因此发了一笔大财。当时不仅宁波地区的照相馆向天胜进货，就连远在金华、江西、湖南等地的照相店也向天胜购买材料。而天胜的照相材料是从美商柯达公司和德商矮克发公司购进的，采用经销办法，先发货后付款，这也是天胜发展的有利条件。

日伪时期，裘珊远离宁波赴重庆。天胜在江北岸的店面被日本人占用，职工均解散失业。

这是一张1949年5月天胜照相馆拍摄的宁波富康钱庄同人临别留念的照片，留存至今，殊为不易。

1949年5月天胜照相馆拍摄的宁波富康钱庄同人临别留念的照片

抗战胜利后，裘珊返回宁波，重操旧业，除恢复天胜照相馆和民光电影院外，还开设活佛素食馆。1949年解放初，蒋机轰炸宁波，天胜又被迫停业，职工遣散。1950年，屡受打击的裘珊无意在宁波复业，只留下了一家小型材料行，自己则去上海开设永成照相材料行，又在杭州开设天胜照相材料行。1952年，裘珊从上海回来，开始在宁波中山东路（现海曙区范宅旁）恢复营业，仍经营照相及照相材料业务。依靠天胜原有的品牌知名度，该照相馆很快又变成了宁波照相业的头牌，营业额占全市照相业50％以上。此时裘珊已不常住宁波，业务全靠职工自行打理。工资采用按营业额提成26.4％方式发给。1956年，私营工商业社会主义改造，天胜实行公私合营，从此走上新的道路。

改革开放以来，天胜有了显著的发展。20世纪80年代初，天胜有三个楼面，二楼为拍摄场地，三楼是加工场地，总面积达100多平方米。之后，位于海曙区中山东路35号的总店开业，面积增至300多平方米。1984年初，天胜引进了柯达彩色扩印机，为宁波首家（浙江第二家）。这也让天胜从单一的彩扩业务发展到彩色摄影、彩色放大、婚纱摄影等多种综合性照相业务。1985年，天胜成立了彩色扩印中心，并迁至中山东路120号，三间店面，总面积达600平方米。2001年11月，随着城市建设的需要，天胜再次迁到中山西路75号。天胜可谓老宁波人心目中的"照相第一家"。一时赌气，成就一家老字号，在甬城成为一段佳话。

史地巨擘张其昀

——民国时期张其昀著《中华历代大教育家史略》

　　张其昀（1901—1985），字晓峰，浙江省鄞县石碶里仁村人（现海曙区石碶街道），出生于官绅家庭。七岁时在（鄞县西南乡）张氏祠堂设立的小学就读。1913年，进鄞县第四高级小学。1915年，考入浙江省立第四中学（现宁波中学），受良师启迪，对史地产生了浓厚的兴趣。1919年，考入南京高等师范学校史地部。适值五四运动，被推派为宁波学生会代表，到上海参加全国学生联合会。1923年1月，南京高等师范学校合并于国立东南大学。同年6月，张其昀顺利毕业，成为东南大学首届毕业生。毕业后即入上海商务印书馆编辑初中及高中地理教科书。商务印书馆所属东方图书馆藏书丰富，张其昀得以纵览群书。前后四年，学问进步，教科书亦如期编成。1927年，东南大学改称国立中央大学。张其昀受聘担任中大地理学系讲师，后升至教授。这期间，多次参加国内地理考察实践。1935年，中央研究院第一届评议会成立，张其昀经全国国立大学推选，入选为评议员。次年，应聘国立浙江大学史地系教授兼系主任，后又兼史地研究所所长及史地教育研究室主任。1937年七七事变爆发后，随浙大辗转迁至贵州。1941年，创办《思想与时代》月刊。1943年，应美国政府之邀，赴哈佛大学访问研究及讲学两年。1945年9月，抗战胜利后归国，同年冬接任浙大文学院院长。1946年夏，浙大复员迁回杭州校址。1949年去台湾后，曾任台湾宣传教育事务主管部门负责人等职。创办了台湾中国新闻出版公司、台湾

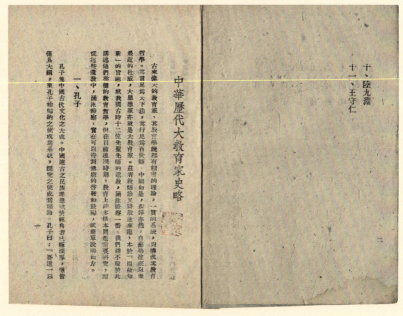

民国时期张其昀著《中华历代大教育家史略》

中华文化出版事业委员会、台湾中国文化学院等。1985年病逝。著作甚丰，其中监修者有《清史》《金史》《元史》《宋史》之新刊本，编印者有《中文大辞典》《中华地图集》《世界地图集》《简明苏俄百科全书》《简明日本百科全书》《中华百科全书》等。其个人之著述，据华冈学会所编张其昀博士著作年表，计有专著200种，中文论文2296篇，英文论文107篇，其中以《中国地理学研究》《中华五千年史》最为著名。

这是民国时期张其昀著《中华历代大教育家史略》，书中列举了从孔子、孟子一直到王阳明等十多位教育家。张其昀在学术领域有着较高成就，在文化教育和政治上也有相当影响力。

首座公园存旧影

——民国时期中山公园照片明信片

2004年，宁波被正式命名为"国家园林城市"，城市中绿荫铺街，四季鲜花盛开，公园更是遍布城乡。而追溯历史，宁波公园的起步当属中山公园，这里曾是宁波第一处供市民休闲游乐的公共活动场所，也曾是到宁波的外地客人必打卡的旅游目的地之一。

宁波中山公园的前身是历代宁波衙署的后花园，明代堆石成山，在园中堆砌起两座小山。清代，薛福成任宁绍道台时，取"先天下之忧而忧，后天下之乐而乐"之意，将此园命名为后乐园，并不对普通市民开放。黄炎培来宁波时，因城市中几乎没有可游玩的地方，便向时任会稽道道尹朱文劭抱怨说：向闻宁波人在外地商人众多，致富后都不忘捐款在家乡兴建公益事业，怎么城市中连一个公共游乐场所都没有兴建？看来是徒有虚名。朱道尹与曾创建钟灵小学的金臻庠一合计，便将原衙署的后花园对公众开放，称之为后乐园。

1919年五四运动时，宁波爱国青年经常在后乐园开会。1924年，以中共党员为核心的宁波国民党党员大会在后乐园举行。1925年，中小学生进步组织在后乐园成立。1926年，宁波最早的妇女团体宁波各界妇女联合会在后乐园成立。后乐园成了革命者的摇篮。

1927年，孙中山先生逝世两周年之际，甬上民众为纪念孙中山先生，提议将后乐园改建为中山公园。工程于当年夏天动工，耗资11万元，公园于1929年建成对公众开放。宁波历史上第一座真正意义上的

珊珊照相馆当年开发的"文创产品"

现代城市公园诞生了。公园大门高大雄伟，进园后就是总理遗嘱亭，亭中立有沙孟海抄写的总理遗嘱，其后是水泥浇筑而成的彩虹桥。桥的另一侧是一座景行牌坊，穿过牌坊，可以看到一座八角铁质闲乐亭。亭的西侧是濒水的楼阁，过铁亭后继续往北走，后山下则是琼仙阁、快乐林，公园的左侧还有中正厅等。公园面积比原来更大了，共建造各式房屋21座，亭台4个，牌坊2座，廊3条，桥5座，成为市民游乐休闲首选的公共场所。1997年8月至1998年3月，历时八个多月，对原中山公园进行了全面改造，并搬迁原工商联，拆迁部分民居，拆迁原市体育场，进行大规模改扩建，新建成的中山广场总占地面积83750平方米，为城内大型公共广场之一。

这是民国时期珊珊照相馆发行的《宁波市纪念明信片》中的三张，明信片一面为珊珊照相馆拍摄的中山公园景色。其中风景第22号所摄为中正厅，原位于公园后山西侧，1928年秋，蒋介石和宋美龄到中山公园时，曾在此厅休息，蒋介石字中正，为此，称此厅为中正厅。风景第23号玲珑岩位于公园后山上，仿天童森林公园玲珑岩并命名。风景第14号螺髻遗迹位于独秀山。此山由布政司左参政刘洪堆砌于明弘治十一年（1498），山顶有螺髻亭，山下有清凉洞，也是公园西侧的重要景观。

珊珊照相馆为原上海裘天宝银楼老板之子裘珠如创办。1927年中山公园建成之初，裘珠如看到公园带来的巨大商机，就在进园门后的西侧开办了珊珊照相馆，这也是他的第二家照相馆。珊珊照相馆借助中山公园的美景，推出跟拍服务，即摄影师可以以公园中的景色为背景给客户拍照。在照相机并不普及的民国时期，约二三知己到中山公园游玩，并一起拍照，成为当时的时尚。

显然，这三张明信片是珊珊照相馆当年开发的"文创产品"，明信片的三处景观中，中正厅已经拆除，独秀山虽仍存，但已风貌大改，后山玲珑岩没有大的改动，但其被称为玲珑岩是从这张明信片中首次知悉。因年代久远，一套明信片共几张无人知晓，仅存不成套的三张，这三张明信片以清晰的影像留存着当年中山公园的园景，因此，其具有重要的史料价值。

钱庄业转银行业

——民国时期浙东银行支票

浙东商业银行由沪、杭、甬绅商金廷荪、杜月笙、金润泉、俞佐宸、王文翰等发起，1934年6月2日在宁波召开创立会，选出董监事会。财政部颁给银字第206营业执照，实业部登记。同年10月1日正式成立，总行设于宁波，行址在宁波江厦街15号（现海曙区江厦街道）。1935年7月，迁入新江桥南堍新址，添设保险、仓库两部。当时，仅有中国通商银行办公楼才能与之媲美。1941年宁波沦陷时停业，行址被伪中央储备银行占据。1946年4月复业。1949年9月，行楼部分被国民党飞机炸毁。该行于1953年闭歇，年末清理结束。

浙东商业银行第一届董事有金廷荪、俞佐宸、王文翰、杜月笙、张继光、金润泉、徐永炎、徐懋棠、黄延芳、何绍庭、吴启鼎，监察人何梦熊、范润黻、洪宸笙。推举金廷荪为董事长，王文翰、俞佐宸为常务董事，孙性之为总经理，行员共35人。1937年3月，按照章程进行换届改选，选举结果，除董事长改由王文翰继任，余者均系连选连任。浙东商业银行成立时，资本总额法币50万元，一次收足。1946年4月，增资至法币5000万元。主要业务是经营存款、放款、贴现、汇兑、保险、堆栈等。

1927年南京政府建立后，加强了对金融业的控制，并在金融政策上向银行业倾斜。1933年4月，国民政府开始实行"废两改元"，钱庄利用银两、银圆差价的业务优势随之丧失，钱庄遭受严重打击，宁波钱庄业受到很大影响。1935年，由多种因素引发的钱业风潮更是使倒账之风遍及各业，宁波钱庄亏累至巨，旬日内停业倒闭的钱庄不下数十家。第二年开业的大小同行不及原有三分之一，钱庄业江河日下，艰难度日。浙东商业银行成立时，正赶上金融风潮日见弥漫，钱庄业岌岌可危，钱业界有鉴此，乃谋转业银行。总经理孙性之、经理应梦卿、副经理周楚善均为钱业中人，董监事也多为钱庄股东。其时，钱庄存款已开始向银行转移，因而浙东银行初成立时，业务颇见发达，军政存款尤为集中。

1936年秋，浙东银行迁入新江桥南堍新址后，扩大营业，添设保险、仓库两部，业务日益发展。同年，宁波市况衰落，百业凋敝，该行乃对放款深持慎重，逐步紧缩。入秋后经济反弹，遂乘机发展。存款、放款，均有增加。当年底，拥有各项存款74万元，各项放款95万元。

抗日战争全面爆发后，各业凋敝，银行业务渐见萎缩。1941年宁波沦陷时停业，后于1936年4月复业，年末存款8834万元，放款19615万元，然因货币贬值，实际营业已大不如前。

这是一张民国时期浙东商业银行的支票，见证了宁波钱庄业尝试转型银行业的历程。新四军来到浙东三北地区后建立了浙东敌后抗日根据地，于1945年4月1日成立浙东银行，4月10日发行浙东抗币。虽然名称相同，但此张支票乃是宁波帮人士创办的浙东商业银行的支票，切不可跟四明山地区新四军发行的抗币混为一谈。

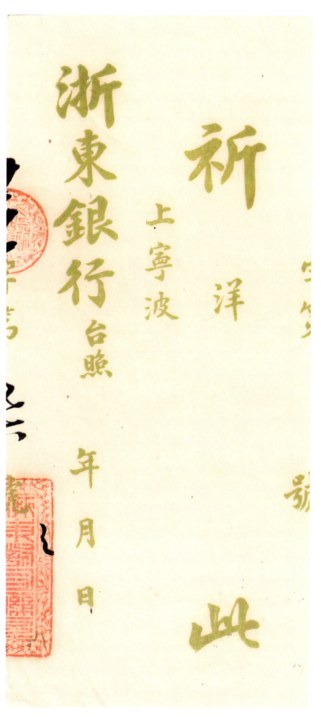

民国时期浙东商业银行的支票

海丝起锚在宁波

——民国时期宁波东门口同章绸布庄广告纸

中国是丝绸的故乡，丝绸是中华文明的重要特征之一，与中国的礼仪制度、文化艺术、风土民俗、科学技术等有极多的联系。帝王用丝绸彰显其权威，百官用丝绸标识其等级；文人写下咏叹丝绸的诗词，画家在丝绸制成的绢帛上泼墨挥洒；老百姓向各路蚕神祭祀，祈求蚕丝丰产；朝廷则下达课劝蚕桑的政令，并以此来评价地方官的政绩。

唐宋时期，明州（宁波）丝绸业已盛，年产丝万斤以上。城中设纺丝局，所产吴绫、交梭绫、大花绫等列作贡品。明清两代，明州产深青宁丝、白生丝、平罗纱、白绉纱、红线、青熟线及白丝、农丝、荒丝等五素丝纱。清乾隆后期，明州有丝织机850台，产丝、绫、绸、缎、绢等。清代全祖望曾有诗云："未若吴绫夸独绝，大花璀璨状五云，交梭连环泯百结，濯以飞瀑之赤泉。"光绪二十一年（1895），九位商人合股筹借库银1.5万两，创办永源丝厂，置缫丝机208台，日产生丝1担。清末，鄞县樟村（现海曙区樟村）、密岩一带年产生丝2.5万余千克；宁波奉化莼湖一带所产上品生丝，丝长而质白。光绪二十六年（1900），宁波城区华泰绸厂在博文记弄（今海曙区博文巷）建立，有工人200余人，织机120余台，年产塔夫绸、花素缎万余匹，价值50万～60万元。次年，永源丝厂因所筹股银返还，拆股停产。1920年12月，董仁镐等四人于江东后塘街设纬成机器绸布轧光漂染厂，置德国产机器，聘技师轧光、漂染。1926年，华亚电力织绸厂于宁波城内县东巷开设，购42

马力柴油机1台，专织华丝葛、印度绸。通州绸厂设于现海曙区的紫薇街、华经绸厂设于新街，共有工人200余人，有手织机近百台。1928年11月，华泰、华经二厂亏损停歇。之后，协成、和永、和仁、大生祥、余丰祥、锦兴祥、大昌、新大、云章等十余家绸缎庄陆续开业，多前店后厂，每家有手织机十余台。1932年，有绸厂十余家，织机近千台，主要产塔夫绸、华丝葛，年产量三四万匹，价值百万元，多为生丝产品运沪炼染。后因日本人造丝倾销，蚕茧产量下降，至新中国成立前夕，丝绸行业衰落。

民国时期开设于宁波东门口的同章绸布庄大减价广告纸

　　据现存海曙区档案馆的民国档案《门牌户次册》记载，1946年宁波老城区的街巷路繁华，临三江口商贸兴旺，城西则以居住为主。有"浙东第一街"之称的中山东路，当年从东门口往西仅几百米，但是登记在《门牌户次册》上的商家有350户，其中不少是宁波响当当的老字号。尤其是东门口一带，商铺非常集中，门牌1至20号，共开出28户商家，依次为福慎铜店、福源银楼、天纶绸布庄、余丰祥绸布庄、同孚钱庄、老慎记百货店、凤苞绸布庄、成大绸布庄、交通银行、新凤祥银楼、陈元生帽店、大昌绸布庄、国泰绸布庄、天宝成银楼、美利钟表店、方聚元银楼、洽源钱庄、同章绸布庄、时新钟表店、华一绸布庄、老天宝银楼、美纶绸布庄、庆福星绸布庄、永丰钱庄、三新百货店、后昌祥烟纸店、董生阳南货店、华盛顿钟表店。

　　这是一份民国时期开设于宁波东门口的同章绸布庄大减价广告纸。我们可以从上面的档案资料中看到，在中山东路上，绸布庄（绸缎庄）大量聚集。另据相关实物和资料记载，在其附近的灵桥门、天后宫前、东大路、东渡路和东门内、东殿庙跟、日新街、同兴街、小江桥、崔衙街、后市、崔衙前、十字井头、苍水街、渡母桥和百丈街等地，开设有超过50家绸布店。丝绸业历来都是宁波重要的传统产业，丝绸在对外贸易中是重要商品，拥有港口优势的宁波是海上丝绸之路贸易的重要始发港之一。海上丝绸之路贸易促进了宁波经济的快速发展。

恒丰印染话变迁

——民国时期宁波恒丰印染织厂广告纸

　　宁波印染厂前身为恒丰印染织厂，创办于1929年4月，由江东裕成棉布号经理王稼瑞发起集资，在宁波城区南门外永春巷（现海曙区永春巷）租民房20多间，约600平方米，作为厂房。当时仅有马达铁木布机14台，木制整纱车1台，手工摇纱车20余台，工人五六十人，设备简陋。产品有线呢、条子漂白布等低档棉布，但销路很好。王稼瑞见染色布在当时市场上是门缺货，有前途，遂增添4台旧式染缸（包括烘燥机、滚筒机），从上海购入白坯布，专门印染元色、洋纱之类布匹，销往宁波各地农村。由于印染业务发达，1931—1932年间，吸引合伙厂，增资1.5万元。在染制元色布基础上，逐步发展印染"士林蓝"布和"海昌蓝"布，添置印花机印染高档花布。1932年购置日本产四色、八色辑筒印花机全套设备各1台，聘请日本工程师1名，生产白地"色丁"花布与印花绒布，颜色鲜艳、花纹漂亮。日产全棉漂色布三四千匹，畅销本省各地，上海等地客商也来宁波争办。

　　1933年发生世界经济危机，生产过剩。西方国家为了自身利益，纷纷争夺国外市场，洋货大量输入中国。当时恒丰厂棉布存货价值四五十万元，平时依赖当地钱庄贷款，周转快，获利丰，此时则因洋货大量倾销，宁波市场布价猛跌，产品滞销，存货积压，钱庄欠款不能如期归还。40余家钱庄在这种形势下组成债权团讨债，几经协商，终以存货五折清债。独有1家慎余钱庄没有加入债权团，允许恒丰厂所欠10万元借款延期一个时期支付，使恒丰厂资金有所缓和。清债后不久，业务出现转机，积压印花绒布打开销路，王稼瑞决定去上海开设分厂，租下上海马当路亚美绸厂空厂房作厂址，购置印花机2套，印染色布。生产"金榜"商标的士林蓝布，"九恒"毛蓝、元色哔叽，及"恒丰塔""五子夺魁"等花色布。以宁波为中心，转销内地。抗日战争全面爆发后，染化原料中断，印染停产。1945年抗战胜利后，该厂除原有的印花机和70台铁木织机外，还增添"黑大英"和"绿大英"铁布机204台，有工人400余名。生产哔叽、洋纺、洋纱和名牌产品"九恒毛蓝"。1954年1月，恒丰厂实行公私合营，改厂名为宁波印染厂。

宁波印染厂见证了浙江省宁波市第一位全国劳模的诞生。1922年，梁文贤出生于浙江绍兴，因家境贫苦，15岁时进入上海纺织厂当学徒。1947年，梁文贤到宁波私营恒丰印染厂当技工。新中国成立初期，恒丰印染厂停产，职工的生产生活陷入困境。面对困难，当时刚刚入党、担任厂工会副主席的梁文贤一力担当，勇挑重担，开展生产自救。起初，梁文贤积极提议厂里以自行发电实现重新组织生产来摆脱困境，但厂方不予理会。梁文贤在向厂方求助无门的情况下，只能带领职工互帮互助，并带领厂里的工会委员一起去上海总厂做资方的思想工作，争取厂里的生产资金。经反复交涉，在工友们的共同努力下，工厂终于重新开工生产，渡过了难关，由此逐步走上正轨，产品数量和质量不断提高。

1950年6月，梁文贤率领恒丰印染厂相关工作人员，用20天完成了为花纱布公司代织5000匹细布的任务，坏布率由20%下降到3%。7月，工厂盈利4000余万元（旧币），8月净赚5000余万元（旧币）。突出的工作成绩充分调动了厂方积极性，工厂从此获得新生，生产业绩突出，工人福利明显提高。梁文贤在恒丰印染厂战胜生产困难的案例，带动了当时和丰、万信等厂的生产发展，社会反响强烈。1950年9月，梁文贤因突出的工作业绩，出席观礼中华人民共和国一周年庆典大会，还被中央人民政府授予全国劳动模范光荣称号。在京期间，梁文贤参加了系列庆祝活动和宴会，受到毛泽东、刘少奇、周恩来、朱德等领导亲切接见并合影。成为新中国第一代、宁波市第一位全国劳模后，梁

宁波恒丰印染织厂首创的"衡丰图"宝塔商标广告纸

文贤不骄不躁、努力学习、积极劳动，先后在宁波主要的骨干生产厂家担任过工业生产基层领导、公方代表、党支部书记和厂长等职务。在勤勤恳恳30多年的劳动奉献中，梁文贤获得荣誉无数。2009年，梁文贤被评为"60位为宁波建设作出突出贡献的先进模范人物"。

这张宁波恒丰印染织厂首创的"衡丰图"宝塔商标广告纸，是1933—1945年间，王稼瑞去上海开设分厂，生产"恒丰塔"花色布时的遗珍。广告纸上宝塔商标非常醒目，四周点缀花卉，颜色艳丽。"衡丰图"三字与资料中记载的"恒丰塔"有差异，应当是资料中记录有误，以为恒丰印染织厂的商标必定是"衡丰"而非"恒丰"。实际宁波并没有这样的宝塔，只是一种用来注册商标的图案。我们见到几十年前的广告纸，便能逐本溯源，以正视听。这张广告纸见证了新中国宁波市的第一位全国劳模，值得珍视。

持拓寻墓话行长

——民国时期《孙衡甫生圹志铭》拓本

　　海曙区高桥镇民乐村姜岱自然村紧临杭甬高速公路的美女山半山腰处，有一座民国时期大墓，墓坐西朝东，略偏南，原有规模较大，占地300多平方米，墓主人是民国时期四明银行行长孙衡甫。

　　孙氏为鄞县章溪（今海曙区鄞江镇一带）人，父亲孙铨阶见姚江边半浦村商旅云集，便迁居于此，以经商为生。清光绪元年二月二十一日（1875年3月28日），孙衡甫出生在此，原名遵法，字衡甫，后来以字行世。其兄弟五人，排行第四。孙衡甫受父亲的影响，年轻时就凸显出商人的智慧和才能，其父亲曾惊奇地说："他日继吾志事，且大吾门者必是儿也。"光绪三十二年（1906），孙衡甫在鸦片行做三年学徒满师后，来到上海，任崙余钱庄账房。宣统元年（1909），转入升大钱庄做信房，专管各种文书信件往来及接洽客户。他精明能干，又善于钻营，短时间内就掌握了钱庄业所应具备的基本功。任浙江银行上海分行营业主任一年后，孙衡甫于1910年被提升为经理。

　　清末民初受金融风暴影响，四明商业储蓄银行（简称"四明银行"）深受影响，总经理被迫辞职，银行股票大跌。孙衡甫借此机会，于宣统三年（1911）接盘四明银行，任总经理兼董事长。他任职初期，正是四明银行自光绪三十四年（1908）创办以来业务最低靡时期，濒临破产。孙衡甫实行了一系列改革措施。他首先从整顿内部入手，健全组织，停发股东红利以积累还债资金，继而把四明银行持有的地产陆续

羅振玉

君

孫

孫君衡甫生壙
志銘
義寧陳三立譔

閩縣陳寶琛書
浙江慈谿孫君
衡甫生治壙於

其邑之大隱姜
低村長命山之
麓既成介其鄉

人謝君書其家
世行義秉乞豫
為志壙之文君

名遵瀛衡甫其
字也先世自蘇
遷鄞始南宋之

季其分居鄞之
章溪為君本支
始遷祖者曰文

孫衡甫生壙志銘拓片

变现。同时，孙衡甫非常注重宣传和扩大四明银行的品牌影响力，在上海开设各分、支行时，营业场所地段必然选择显著突出的位置。此外，由四明银行投资的房地产也都冠以"四明"或与四明相联系的字样，如四明村、四明里、四明别墅等。发行纸币时，又独创发行了当时各家银行不曾发行的两元面额纸币，显得与众不同。还不时利用报纸、杂志做广告。1921年9月，总行迁入与浙江兴业银行对峙的上海江西路三层新大厦，成为轰动一时的盛事。四明银行给大众留下了深刻的印象。

为了多吸收银行存款，孙衡甫也可谓费尽心思，他抓住时机，利用当时北洋军阀政府金融管理的混乱，发行四明银行钞票，增加流动资金，作为其主要的资金来源。并且增加现有的营业种类，包括买卖有价证券及生金银等。同时，为获得工商业存款，银行还沿用了老式跑街方式，四处兜揽存款。先后于1919年和1930年分别在武汉和南京设立分行，以扩大银行业务，增加资金来源。他意识到储蓄存款比较稳定，又于1933年创办了四明储蓄会，用零存整付、整存零付、整存整付、存本付息、学费储蓄、婚嫁储金、礼券等方式，千方百计地吸收存款。通过这些有力的措施，四明银行资信俱增，存款储蓄额连年上升，最高存款额达4000万元之巨。经过孙衡甫悉心经营，四明银行的业务有了新的起色，走向发展和鼎盛时期，逐渐发展成为上海金融界名列前茅的银行之一。

此时的孙衡甫也走向其事业的巅峰时期，先后兼任四明保险公司董事长、四明储蓄会会长、全国公债委员会委员、中国企业银行董事长、上海明华商业银行总经理、垦业银行董事长等职，并投资有泰州面粉厂、穿山轮船公司、童涵春国药号等企业及上海、宁波多家钱庄。

孙衡甫致富后乐于为家乡公益事业慷慨解囊。改建灵桥时，孙衡甫带头捐款五万元，是新建灵桥捐款金额最大的两人之一。还出资建造半浦小学，维修半浦渡口，建设半浦至慈城和小西坝的道路，疏浚通往半浦村的小河等，仅1926年10月至1927年10月一年时间里，就捐助半浦村银币四万余元。

孙衡甫在四明银行任职时，银行资金大量投入房地产和有价证券，上海四明银行拥有的里弄房屋最多时曾达1200幢。这也使银行资金周转不灵，加之他在经营上投机性强，不注意积累发行准备等，对银行的运作产生了不利影响。1935年，美国白银政策的影响波及国内，国民政府为转嫁危机，宣布撤销各商业银行发行权，限期收回已发行的纸币，并要求钱币发行银行须提足60%的现金。国民党财政部派人执四明银行钞票去挤兑，四明银行一时无法应付突如其来的打击，出现严重的资金困难。孙衡甫被迫辞去总经理职务。后又将其所执四明银行股票以1.5折折后抵偿所借欠款，因无法承受这一突然打击，孙衡甫于1944年1月24日病逝，葬于上海愚园路自家花园中。

高桥镇美女山为孙衡甫生前自营的生圹，20世纪50年代，因建设水利堰坝，其生圹被毁，现仅存墓前条石所砌的圆形拜台及墓前一根石柱联。原墓表也仅存几块残石，被他人取用后砌在墙上。此本墓表拓片为墓表被毁前拓制，数量极少，从中可知其墓表称为《孙君衡甫生圹志铭》，刻于1933年，由著名考古学家、金石学家罗振玉题额，近代同光体诗派代表人物陈三立撰文，晚清大臣、末代帝师陈宝琛所书。因此，此本墓表拓片，无论从文献角度还是艺术角度而言，都十分珍贵。

地价税档一册收

——民国时期总归户册

　　这本总归户册没有封面，从粗劣的外表不难看出，其为某人装订而成，又由侧面书脊文字可知，这是第23本总归户册，登记着4401—4600号，共计200处地产。其内页是《浙江省鄞县总归户册》表格，每一处地产登记一页，详细填写着地产的所有人、位置、面积、地价、使用性质等信息，每页自1946年起，共登记三年，至1948年止。整册内页按姓氏排列，第一页起为汪姓，右上角是79号，可见此是承前一册汪姓，汪姓至149号止。此后为余姓，从第1号到122号止。接下来为余姓，仅有两页，其后为忻姓，共四页。由此可知，这是一本原宁波民国时期地价税征收部门保存的总账中的一册。

　　地价税，是根据土地价格向土地所有者征收的一种土地税，一般分为土地原价税和土地增值税。地价税始于1873年加拿大的荒地税，随后被新西兰、奥地利和德国采用。第一次世界大战后，许多国家亦相继实行。

　　清光绪三十一年（1905）10月，孙中山在《民报》发刊词中明确提出了"三民主义"，其中的民生主义主要是指中国革命成功以后要平均地权。他认为"现有之地价，仍属原主所有，其革命后，社会改良进步之增价则归于国家，为国民所共享"。他提出核定地价，政府按地价征税。随着地价的上涨，还要征收地价增值税。城市土地价值比农村土地价值高，随着社会的进步和人口的集中，还会出现自然增值的

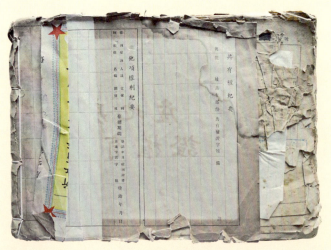

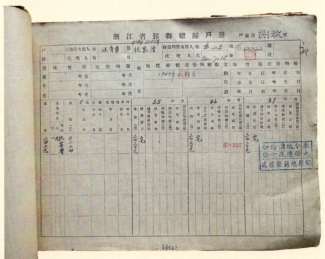

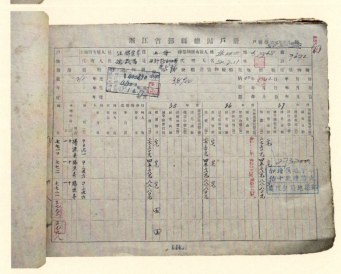

《浙江省鄞县总归户册》

趋势，因此在城市开征地价税和地价增值税比农村更为迫切。孙中山一改西方流行的土地单一税，主张通过征收地价税和地价增值税来实现平均地权。孙中山提出的地价税不仅是一种征税依据上的税收制度改革，也是中国土地制度改革的突破口，因此，地价税制度在中国近代经济思想史上占有重要地位。

1912年8月25日，国民党北京成立大会上通过了《国民党党纲》，其第四条明确提出，要采用孙中山的民生主义政策，即通过平均地权，实现耕者有其田的土地政策。1930年6月30日，国民政府公布了《中华民国土地法》，共分总则、土地登记、土地使用、土地税及土地征收等5编，共397条。其中，第227条规定："土地除依法令免税者外，依本法之规定征税。"土地税分为地价税和土地增值税两种。地价税是按照土地所有者的申报或政府估定的地价所征的税。增值税是对因土地改良或地价上升而产生的增值所收之税。第335条规定："国家因公共事业之需要，得依本法之规定征收私有土地。"还规定了土地征收的程序、补偿和迁移等事项。土地收买是为了实现耕者有其田，而土地征收则是为了满足公共事业的需要。

1950年1月，《全国税政实施要则》规定继续征收地产税。1951年8月，政务院颁布《城市房地产税暂行条例》，把地产税和房产税合而为一征收，统称城市房地产税。1973年起，曾并入工商税，1984年恢复对房地产征税，分设城镇土地使用税和房产税。

实行地价税和土地增值税的首要条件是整理土地和核定地价。《中华民国土地法》虽然要求各地征收地价税，但很多省市因土地未整理，地价也无从核定，实际在全国只有上海、青岛、杭州、广州和广东等少数省和城市落实征收，多数地区未开办。

1934年5月6日《上海宁波日报》刊发《土地清丈后改征地价税》的新闻，提到民政厅要求已经完成清丈，且册籍完备，经检查确无错误以后，可以督促改征地税。但宁波在民国时期是否征收过地价税，如果征收过，又何时开始起征并不知悉。这本总归户册佐证了宁波在民国时期也是全国少数几个开始征收地价税的城市之一，其详尽的登记信息也成为我们研究当时的地价税和宁波城市人口居住情况的珍贵史料。

山房绣样古风存

——民国时期大酉山房绣样图册

　　宁波东门口东渡路西侧，有一条呈南北走向的又新街，街上有两家书店，各有特色。一家三宝经房，以经销佛经、宝卷等佛教书籍为主，兼营僧衣法器。另一家大酉山房，以经营古籍为主，兼营文房四宝。

　　大酉山房的创设年代，谢振声在《宁波老书店》中称其开设于清道光初年。[①] 但据《浙江省出版志》所载，其创于1921年。[②] 笔者更倾向于后者，因大酉山房的创始者为林集虚父亲，其爱好收藏古籍图书，便开设了大酉山房，且藏且售。林集虚原名昌清，字乔梁，号心斋，书斋名为蔾照庐。他自小耳濡目染，与父亲一样爱好收藏古籍，收藏的古籍以元至大刻本杨桓《六书统》20卷等最为珍贵（其病故后，所藏为来薰阁陈济川购藏）。林集虚收藏多年，久而久之，练就了一双辨别古籍优劣的慧眼，子承父业，成为大酉山房的第二代经理，在林集虚经营下，大酉山房与东门口日新街的汲绠斋齐名，成为民国时期宁波两大书店之一。显然，该店开设于道光初年，时间上并不符合。

　　大酉山房在销售古籍的同时，也自己编辑图书，曾将所藏秘本汇集成册，命名为《蔾照庐丛书》，以旧木活字排印出版。据不完全统计，大酉山房出版图书有53种之多，有《诗经正文》《李鸿藻十三经不贰学》《日用杂学》《幼学杂字》《朱子小学》《李时珍濒湖脉诀》《医方沥头歌

---

①蔡康：《老宁波》，宁波晚报社，2007，第172页。

②浙江省出版志编纂委员会：《浙江省出版志》，浙江人民出版社，2007，第665页。

诀》《佛说阿弥陀经》《金刚经》《太极图》《便蒙唐诗》《俗语巧对》《千家诗注释》《慈湖先生年谱》《姜先生全集》《太上感应篇直解》等，可见，其出版的书籍不仅有通俗读物、启蒙读物，还有佛经、医书等，涉及儒、释、道三教，能满足不同读者的喜好，这也是其成功秘诀之一。

林集虚曾随钱罕学习音韵、诗词，对古典文学颇为爱好，也精通版本、文献。1928年夏，他以承担天一阁维修费用为条件，使天一阁范氏族人对其破例，让他自7月20日起登阁十天，他请镇海吴文莹、范氏后人范寅集、别宥斋朱赞卿一起抄写天一阁藏书目录，编写了《目睹天一阁书录》四卷。冯贞群曾记载："阁中流出之书，经其眼者亦分别编入目，上加墨盖子，以别之，故名曰《目睹天一阁书录》。"他以古籍书商的所见经历，将天一阁流散在外的书近百种也编入册中，这也是此书特别之处，为后人研究天一阁留下了珍贵的史料。

大酉山房售卖的书不仅有普通古籍，也有高档善本。不少古籍曾是大梅山房、双韭山房、抱经斋、天一阁等宁波各大藏书楼的旧藏。"好书不怕巷子深"，大酉山房也是宁波当地文人、收藏家经常光顾的地方，宁波著名收藏家朱赞卿、著名戏曲家马廉都曾是大酉山房的常客，马廉还在店中购买到天一阁散出的《雨窗集》《欹枕集》。不仅宁波本地的藏书家经常来大酉山房淘书，外地藏书家到宁波，也会慕名前来。1931年夏天，著名目录学家赵万里和著名文学家、文学史家郑振铎一起来宁波时，就专程到大酉山房访书，赵万里在店中找到了几本《忠义水浒传》，他认定为明嘉靖时期刊本，是《水浒传》现存最早的版本。

此本书册为大酉山房印制发行，其封面以红色绸布为底，绣有一朵花，颇为少见。共两卷合为一册，每卷28页。内页几乎没有文字，每页所画都是传统纹饰的绣样，充满古雅之风，其内容涉及女式袄衫、背心、围胸、霞帔、裙裤、鞋面、扇套、桌围、椅垫等，涵盖了旧时绣花的不同用处。此书册虽无书名，但显然是一本专供妇女绣花使用的绣样，在当时具有较强的实用性。对于今人而言，此本书册不仅是大酉山房的历史见证，而且对于研究宁波的民俗文化、服饰文化、刺绣文化也具有一定的价值。

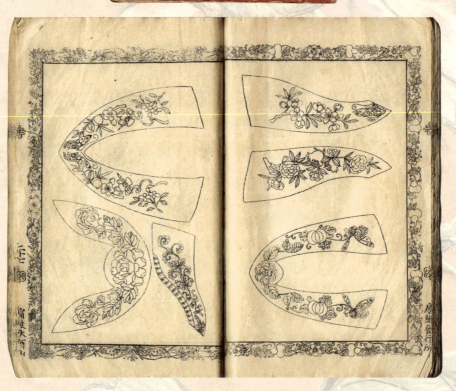

此本书册为大酉山房所印制发行

辉煌过往存一纸

——民国时期方锦彰绸缎庄广告纸

"人以衣食为本",道出了服装的重要性。旧时的服装面料较为单一,或为棉花纺成的棉布,或为蚕丝织成的丝绸,因此,宁波街上经营棉布和丝绸的店铺林立,主要集中在外埠及城乡民众来宁波时必到的东门口、灵桥门一带,规模较大的有绸布店云章、凤苞、大昌、余庆祥、华章、源康、大伦、新宝华等。

清末至民国初年,旧社会的腐败和守旧与西方国家的先进形成了鲜明的对比,向西方学习、崇尚西方文化成为社会时尚。在旧时的宁波主要街道上,有些店铺依然保留着传统的风格,雕梁画栋,贴金饰面,如凤苞绸缎庄等。而有些思想开放的店铺,为招揽客户,扩大影响,则将自己的门面打造成西式的建筑样式。更有甚者,其店铺主体为传统的木构建筑,但外立面则改造成西式建筑样式,特别是在中山路上,尤为众多。

这张宁波方锦彰绸缎庄广告纸尺寸较大,宽44.5厘米,高70.0厘米,主图是一幢三层三开间的店面建筑立面。

广告纸上的店铺极有可能是方锦彰绸缎庄实际的店面形象。其一层中间是对开的大门,两侧是两扇玻璃窗。二层以上中间是竖式和横式的店名招牌及飞熊牌商标图案。两侧的柱子上写满了广告语。立面建筑风格,以及其柱子上部的涡卷形装饰、顶部的圆拱形饰面、球形柱头、拱形窗楣等装饰风格,明显受到西风东渐的影响。在民国早期

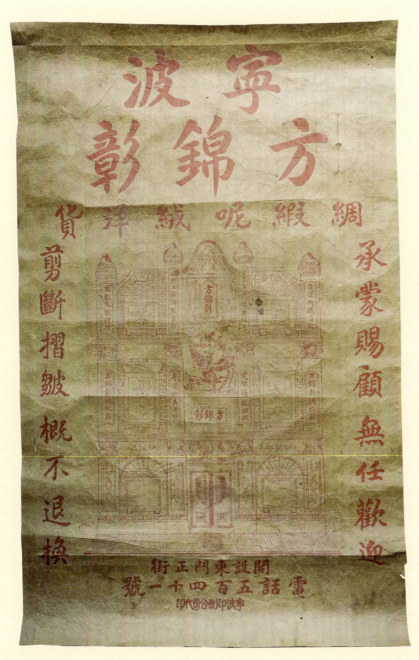

宁波方锦彰绸缎庄广告纸

的东门口，能拥有这样的西式装饰的三层大店面，绝非一般绸缎铺可比，方锦彰绸缎庄当年的辉煌跃然纸上。

清光绪三十三年（1907）的《申报》有一则报道，称宁波城内的各处河道淤塞严重，方锦彰绸缎庄等商家联名要求官府预支款项对河道进行疏浚，所需费用由甬上各商铺集资补上。由此可见，方锦彰至少开办于清代，而且，这一新闻也足可证明，方锦彰在当时宁波商铺中有一定的影响力。

查宁波民国时期报刊可知，方锦彰仅在1928年、1929年各做过一次广告，1933年做过两次广告，而1935年3月2日至4月28日，则连续在《时事公报》以《拍卖关店货》为题几乎天天在报上刊出广告。其中，三月二日的广告称店铺即将关店，附告中称："本号礼券尚多，兹限三月底以前向小号或联号云章从速兑换货物，逾期作废，特此备告。"由此可见，方锦彰在1935年因市场总体经营难以维持而关店，也极有可能并入云章绸缎庄，云章当时已开设百余年，是宁波著名的绸缎庄之一。

方锦彰绸缎庄曾经是宁波一家具有一定规模的绸缎商铺，这张广告纸能保存至今实属难得，成为旧时宁波商贸历史片段的珍贵记忆。

救死扶伤控鼠疫

——民国时期华美医院明信片

　　1844年11月11日晚，美国基督教浸礼会派来的传教士马高温风尘仆仆地来到了宁波。马高温同时也是一名医生，他独自来到宁波后，在北门佑圣观租借了几间房屋，开设诊所，出售西药。道光二十七年（1847），美国浸礼会为了加强施医传教的力量，又派医士白保罗夫妇来宁波主持诊疗业务。白保罗在北城门江边建起男病室，设病床20张，借宁波月湖书院培训中国医务人员，以作扩展诊所业务之用。清光绪六年（1880），在宁波士绅的赞助下，添置女病室，增加床位10张，并正式将诊所定名为大美浸会医院。这时，白保罗的施医传教目光已不仅限于宁波市区，还扩大到奉化、溪口和定海沈家门等地。光绪十五年（1889），白保罗因病离去，由兰雅谷继任院长。此后，华美医院进入了大发展时期。1915年，兰雅谷新建病房与手术室，附设医院学校，并将大美浸会医院改名为华美医院，寓意中美合作之意。1923年，医院购得城北门土地一块，想要扩大院址。

　　20世纪20年代初，宁波开始拆除有着1000多年历史的古城墙。宁波的古城墙为砖石结构，外墙所用的砖大都是道光十五年（1835）维修的城砖，墙基是大块大块整齐的条石，这些都是用作建筑的好材料。这对正苦于缺少建院资金的兰雅谷来说，是一个千载难逢的好机会。兰雅谷一方面向上海和宁波两地募集资金，一方面通过宁波绅士张襄山的帮助，征得宁波市政府许可，把宁波市北门一带城墙拆下的城砖、城石全部无偿要了过来，用于建造华美医院。不过，当时宁波市政府有了附加条件，就是要求兰雅谷必须将医院的大门仿建成宁波北城门的样子。对此，兰雅谷答应了。1926年，用宁波古城墙砖石建造的一幢主体三层、局部四层、具有典型的中西合璧风格的医院大楼和一幢护士学校校舍在姚江畔矗立起来。华美医院新大楼建成后，田莘耕任首任华人院长。1934年，丁立成继任院长至1951年。当时的华美医院以西医为主，医疗价格比中医贵得多，所以去华美医院看病的以外国人和富人居多，宁波城内多数居民没有钱走进这家医院。

1940年10月27日，侵华日军在宁波实施了鼠疫战。这天下午2时许，一架日机侵入宁波，向市中心空投了大量染有鼠疫杆菌的疫蚤及麦粒、面粉等物。第二天，中山东路以南，开明巷以北，开明街以东，太平巷以西地域内即暴发疫情，100多名市民相继染病死亡，一时间，市民万分恐慌，地方官员震惊。疫病一旦蔓延，就会不可收拾，全市居民一下子被死亡威胁笼罩起来。面对如此厉害的传染病，无论是地方官员还是医院，首先要搞清是什么病源所致，才能采取有效措施，对症下药。这对华美医院的诊断水平无疑是一次重大考验。当时，华美医院院长丁立成对纷纷来医院求治的患者进行了认真诊疗，11月1日，他在一王姓患者身上作淋巴腺穿刺液涂片，经美兰染色镜检，找到了革兰氏阴性杆菌。这种杆菌便是典型的鼠疫杆菌形态。11月3日，丁立成果敢地向外界发表讲话，指出宁波市区暴发的疫情是天字第一号传染病鼠疫。为进一步确定鼠疫，同日，丁立成又从一俞姓疑似患者身上抽取血液和肿胀的淋巴腺穿刺液，分别注入两只豚鼠的腹股沟皮下。这两只豚鼠在第三天先后死亡，随即对其进行解剖，将检体涂片美兰染色镜检，见到无数的两端染色较深的双极体的鼠疫杆菌形态。再将豚鼠淋巴腺穿刺液和血液作细菌培养，又得阳性结果，至此，鼠疫确诊无疑。华美医院最先确定日军鼠疫战，无论是采取各项有效的防疫措施、救治大批鼠疫患者，还是及时地揭露日本侵略者用惨无人道的细菌战屠杀中国无辜百姓，都具有十分重要的现实意义。1941年4月，宁波被日军占领后，医院曾一度改名为华华医院。

救死扶伤控鼠疫

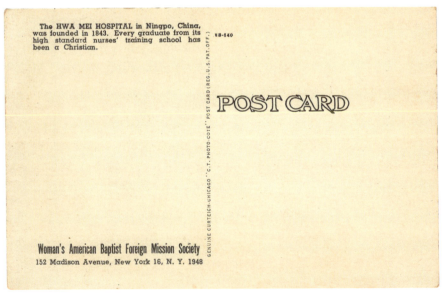

民国时期宁波华美医院的老明信片

1949年5月25日，宁波解放，溃逃到舟山群岛的国民党军残部为阻止人民解放军进军舟山，不断派遣飞机对宁波市区进行狂轰滥炸。宁波永耀电力公司是国民党军机轰炸的重点目标，华美医院所在位置与永耀电力公司发电厂、四明电话公司距离较近，10月18日，华美医院被燃烧弹击中。当时职工们都集中在医院的一楼，等到飞机声消失后，天色已晚，只见护校整幢三层楼全被炸毁，正燃着熊熊大火，火焰还蔓延至原汤家花园。医院大楼的第四层和阁楼仓库被击中，燃起了大火。幸而这座用城墙条石和城砖砌筑的主楼比较坚固，炸弹未穿过四楼，使躲在一楼的大批惊魂未定的职工逃过一劫。医院被炸后，经过短暂的整理，继续开诊。白天躲避敌机，晚上坚持救治伤员和患者。但是，医务人员明显减少，大轰炸使华美医院顿时进入了萧条时期。

1951年10月，宁波市人民政府接管华美医院，修复断墙残壁，兴建职工宿舍，将院名改为宁波市第二人民医院。

这是一枚民国时期宁波华美医院的老明信片，明信片正面是雄伟的华美医院大楼旧影。可以看到当年建造这幢医院大楼时，设计师定是经过一番精心考虑的。它总体上体现了西洋特色，又融合中国传统建筑风格。大楼布局为凹字形，外观十分大气。据记载，楼的下部全为长条石块作基础，上部为青砖，墙壁厚实坚固。底层南大门前，用青石垒拱形门洞，六面通风，顶上有石柱作栏，并有青藤相缠的建筑物，这就是昔日宁波北城门的缩影。楼的顶部为歇山式，三楼的两侧有用青砖垒成城垛状的栏墙，仿佛是宁波古城墙的再现。1949年10月，该主楼顶层遭国民党军队飞机炸毁，修复时将楼加层变为五层，改变了原貌。

颜料巨商乐善事

——民国时期鼎恒钱庄支票

　　秦君安（？—1935），原居鄞县城区马衙街（现海曙区马衙街），是著名颜料商和钱业企业家，宁波秦氏家族开创者。清同治年间到上海经商，经营染料业，19世纪70年代开设恒丰昌洋杂货号。秦君安在上海商界以诚信闻名，遵守传统经商之道，又吸收西方经营理念，试销进口颜料，使恒丰昌成为专营颜料的大商号之一。1918年，秦君安把一部分颜料资金转移到钱庄业，与同乡严康懋合资在上海开办恒隆钱庄。1922年，两人又合资开办永聚钱庄。秦严两家默契合作，成为上海钱庄业中宁波帮的重要力量，也是上海著名的九大钱业家族集团之一。在家乡海曙，秦君安开办有晋恒、鼎恒、复恒等钱庄，盛时资产达1000万元。秦氏家族乐善好施，在家乡扶贫济困、捐资助学。秦君安50岁时隐退故里。为了纪念秦君安，他的儿子秦际藩、秦际瀚、秦际浩等人于1923—1925年耗资20余万银圆，在月湖西岸建造了秦氏支祠（现海曙区天一阁内）。因本宗宗祠原建于章耆巷，故新建的祠堂称为"秦氏支祠"。整座祠堂占地2.6亩，以照壁、台门、戏台、正殿和副殿为中轴线，开面为五间二弄，进深为前后三宸，两侧置有配殿、看楼。在建筑装饰上，祠堂融合了木雕、砖雕、石雕、贴金等民间工艺。由于不计工本，聘请的又是当时顶尖的木工石匠等艺人，各项工艺都达到了很高的艺术水准，堪称宁波民居建筑艺术集大成之作。其中最引人注目的是戏台。戏台的三面装着弧形栏杆，称美人靠，屋顶由16

民国时期鼎恒钱庄的支票

个斗拱承托，为单檐歇山顶。穹形藻井由1600多块经过雕刻的板榫搭接而成，盘旋而上，既牢固巧妙，又颇具动感，而且汇雕刻、金饰、油漆于一体，流光溢彩，熠熠生辉。这是宁波小木工艺的绝招。

戏台正中挂有"高明悠久"的篆书匾额。"高明"是指这个戏台格局大气、宽阔，能呈现最佳的演出效果；"悠久"则是指演出时的声音能传递得更悠远。这个顶不仅起到了装饰作用，而且能像音箱一样，通过共鸣将演员的声音放大，传得更远，让台下的观众听得更清楚。这里的梁柱基本加了雕饰，造型生动逼真，主题图案贴上金箔，使整个祠堂显得金光灿灿，夺目耀眼。这种工艺称作朱金木雕，也是宁波木工工艺的一大特色。这里戏台的演出，主要是为逝去的先人安排的，正殿供奉男性祖宗牌位，副殿则摆放女性祖宗的牌位。他们的后代——活人坐在两边的配殿和厢房，陪祖先观看演出，其中女子在楼上的厢房，男子则在楼下的配殿观看演出。

这是一枚民国时期鼎恒钱庄的支票，开设于江厦街103号，宁波交换行庄40号。据记载，鼎恒钱庄开设于光绪年间，1932年改组，资本66000银圆，由秦君安创办，股东有秦泉笙、徐承动、赵占绶和秦善宝，副经理秦渔介，地址初在糖行街。这枚支票是秦君安家族在金融业界重要地位的见证，而且秦氏家族富而不忘桑梓，对社会公益事业进行了大量捐助。2001年、2003年、2006年，秦君安后人秦秉年先生将家中所藏8000多件珍贵文物捐赠给天一阁。

包治百病药行街

——民国时期大乙斋号广告纸

　　宁波有一条药行街，据说它曾经"包治百病"，当年因药行林立而得名。药行街（现海曙区药行街）最早形成于清咸丰年间，有药行20余家，药店10余家，是中药业的主要市场。1906—1930年间，药行街最为兴旺，街上有牌号的药店、药行共58家。其中9家为药行，包括石板巷的懋昌、沙井巷的恒茂，还有当年最有影响的元利药行等；49家为药店，药店中，慎德堂、全生堂、明德堂、五中堂、人和堂、仁和堂、大乙斋、瑞成等经营业务范围相对较广，而且各有特色。据统计，1932年，仅中药业的经济收入就占了宁波全市总财政收入的15%。故有"伤风咳嗽，到药行街走一走"之说。1937年，日军全面侵华以后，宁波的老字号药店相继停业，清一斋因失火被焚毁，药行街的药业开始衰落，取而代之的是木材行、家具店和杂货铺等。

　　早在清代宁波就有了药业公会。1940年，又成立了鄞县国药行商同业公会，制定了52条行业行规，其中专门提出了一条行规，十分明确地强调诚信经商的规矩。如同行中发现有悖规则者，轻者处罚，重者开除出行业，再不允许经营中药业。时任会长余楚生对同行再三叮嘱，做药业生意，事关顾客性命，务必做到诚信。甬上经营中药业的各家业主，几百年来从无有失诚信的事情发生。不管是做大笔批发生意的9家药行，还是只做零售生意的大小49家药店，所有业主都恪守诚信经商的行规。这种风气还影响了同一条街上其他行业的店家，慢慢的诚信经商成了大家的共同信条。药行街药业这种自成规矩的经商理念影响了浙东一带，绍兴、杭州、上海等地的中药界的经营风气也一直很好。

20世纪80年代，当年药材业兴旺的药行街变成了年轻人流连忘返的商业街，可以去宁波市工人文化宫看电影和演出，也可以去第一百货逛商场，然后再去旁边的城隍庙过过嘴瘾，十分惬意。当时的街面狭窄，两边的梧桐树为路人遮挡阳光，一到晚上，人们还会拿出长凳，在门口摇着蒲扇纳凉。如今，药行街拓宽了许多，已变成现代化的模样，耸立的高楼、绚烂的霓虹灯、来往的汽车……药行街虽改变了古老的样貌，但依稀间仍能寻得不少时光的印痕。

这是一张开设于宁波药行街石库门内的大乙斋号的广告包装纸。药行街上的大乙斋为杨水木先生经营，地处药行街的中段，整个店面除留有一道较宽阔的石库门外，就是一堵又高又阔的粉白高墙，左右两边白墙上书有"道地""药材"四个黑色颜体大字，显得十分气派。石库门门额上有一匾，书有"大乙斋"三个字。除此之外，杨先生还别出心裁地在石库门右边斜插了黑色花边的足有四五平方米的白底丝绸大旗，上有"大乙斋"三个大字。在药行街上诸多药店中独树一帜。无论人们从东边望去还是从西边望去，只见这面大旗迎风招展，能招揽东来西去的客人。如有乡下人上城问大乙斋在哪里，路人就会告诉他，抬头看到门口有面大旗的店就是大乙斋，街坊同行都说杨老板是动足脑筋做生意。

大乙齋監　真不二價

本號採辦各省道地藥材遵古
法製飲片虔脩丸散膏丹各種
沙甑花露杜煎虎鹿龜鱸諸膠
精選國慶人參佛蘭洋參關東
毛角鹿茸滙邏官燕四川銀耳
應時藥凼外料藥料新增百補
膏滋藥等一應俱全蒙
賜顧者須認明寧波藥行街坐
北朝南石庫門內庶不致惧

大乙斋号的广告包装纸

半支烟囱放炮仗

——民国时期宁波通利源榨油股份有限公司发票

　　1887年3月，宁波帮开山鼻祖严信厚等人集银5万两，在宁波北郊湾头创办通久源轧花厂，这是宁波的第一家近代工厂，是宁波工业化起步的重要标志，也是中国第一家机器轧花厂。

　　通久源轧花厂轧的是余姚籽棉，去除棉籽后，花衣运到外埠销售或供应民用。但是留下来没有用的棉籽，久而久之，越积越多。面对这些棉籽，严信厚等股东不忍白白扔掉，通久源纱厂就动了利用棉籽榨油的脑筋，对轧花厂的副产品棉籽进行再加工，大大提高了原料的利用率和生产的利润率。1907年，宁波第一家用机器榨油的棉籽油厂在城区濠河街开办，厂名叫通利源，固定资本8万银圆。这家省内资本最大的油厂，购置了蒸汽机、柴油机各1台，发电机1台、锅炉4台、磨籽机2台、水压榨油机5台等设备，专产棉油，每年需原料棉籽15万担。有人曾用宁波有"三支半烟囱"来形容解放前宁波工厂规模小得可怜。其中和丰纱厂、太丰面粉厂、永耀电力公司各占一支，通利源榨油厂则因为长期开工不足，一年之中约有半年烟囱不冒烟，每年榨油时间大约从中秋开始，到第二年端午结束。其余的时间，停产修机。因为每年烟囱只有半年冒烟，所以被称为"半支烟囱"。

　　用棉籽榨油，最难解决的是油的成色问题。起初通利源所产棉油杂质很多，销量不好。销路的转机，缘于一件偶然的事情。有一家江东的小油店，进了通利源的棉籽油后，一直没什么人来买，店主只好把油缸打入"冷宫"，放到一个角落里，上面堆着乱七八糟的杂物。有一天店主偶然打开油缸，发现油竟然变得非常清澈，感到十分奇怪。仔细观察后，店主找到了原因，原来是油缸上面堆放了一包石灰，一小部分粉末漏入油中，棉籽油遇石灰，竟然变得清如花生油。不经意间的巧合，让店主看到了商机。店主便如法炮制，遂使生意红火。日子一长，通利源觉得非常奇怪，别的油店进货不多，唯独江东这家却销量大增。派人再三咨询后，通利源终于出重金买到这一秘诀，回来加以改进，改用石碱代替石灰，取得了成功，销量大增。

清朝末年，余姚人翁基初收购了通利源，扩建厂房，增添设备，厂名仍沿用"通利源"。后来的一位蔡厂长发现，榨油剩下来的棉籽饼浪费可惜，于是就把这些棉籽饼再进行一道加工，轧成粉剂，送到宁波鄞西樟村一带大片种植药材贝母的种植户手中，作为贝母基肥。经过一年的试验，取得了满意的效果，于是就大做广告，废品棉籽饼也就变成了通利源棉仁粉，受到贝母种植户的欢迎。

据张坤俭先生对民国报纸上"通利源榨油厂"的研究，1936年8月17日，《时事公报》首次见到"宁波通利源榨油股份有限公司召开股东常会"的广告，连登三天。这可以说明，通利源榨油厂至晚在此年进行了股份制改制。1940年—1943年10月前，宁波报纸上再没有见到通利源的广告。直到1943年10月10日，在中华民国国庆日这一天，《时事公报》恭祝国庆的公司名单上，终于出现了"通利源"的名字："通利源榨油厂杨容林、戴定初同恭祝。"1944年和1945年，也没有见到通利源的广告。这六七年与日本侵略和控制宁波有关，通利源的资源、钱财被大量搜刮。1946年5月15日，《宁波日报》登载了"宁波通利源榨油股份有限公司召集临时股东会公告"，透露出通利源公司有业务停顿的情况发生。1947年3月30日，《宁波日报》《时事公报》登载"宁波通利源榨油股份有限公司召集临时股东会公告"，拟4月15日开会讨论复业增资等重要事项。5月1日，登载"宁波通利源榨油股份有限公司增资完成召开股东临时会公告"。5月16日，《时事公报》刊发新闻稿《通利源厂即将复业》。据此报道，俞樵峰、王文翰、俞佐宸、毛懋卿等15人当选为董事，李耀定等3人当选为监事。 1948年3月5日，《时事公报》登

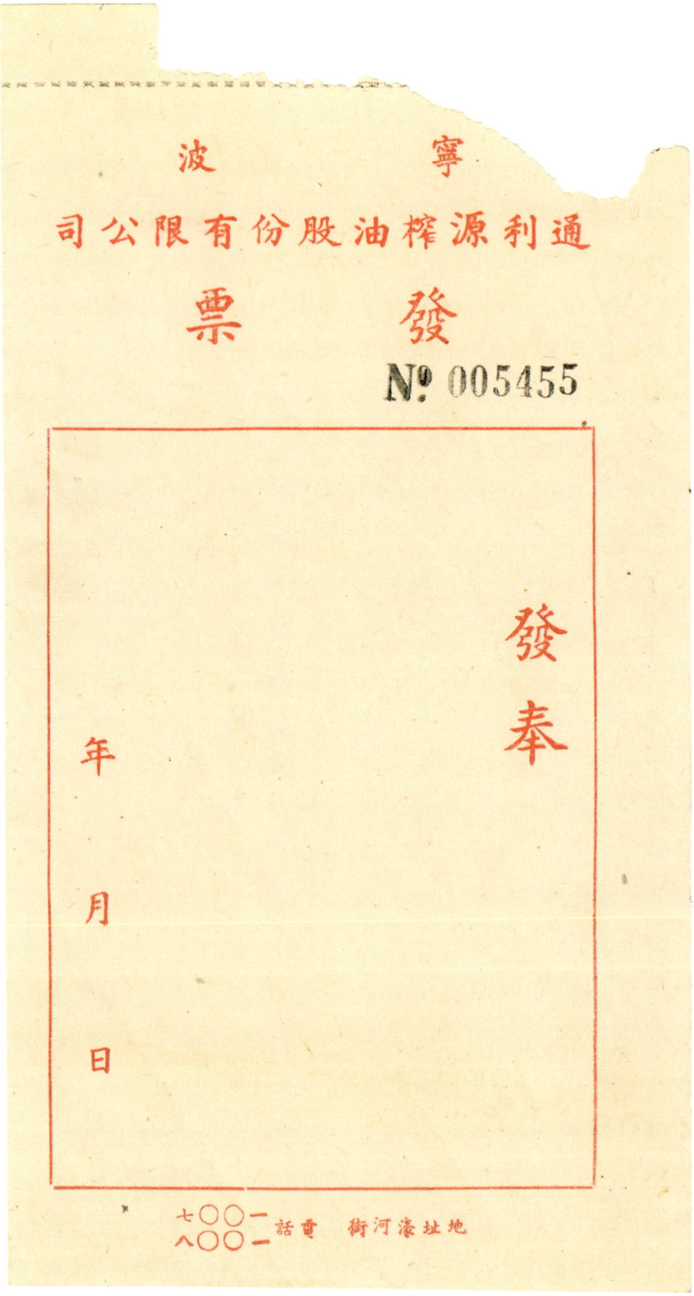

寧　波

通利源榨油股份有限公司

發　票

№ 005455

發奉

年

月

日

電話　一〇〇七
一〇〇八　地址濠河街

宁波通利源榨油股份有限公司发票

载通利源召开股东常会的通告，拟于4月4日开会通报上年营业等情况。9月7日起，《时事公报》《宁波日报》登载公告，通利源榨油股份有限公司拟于9月22日召集临时股东会，研究相关问题。1949年1月5日，《宁波日报》《时事公报》登载"宁波通利源榨油股份有限公司召开股东临时会公告"，拟于1月22日开会。3月8日，《宁波日报》登载通利源榨油股份有限公司召开股东常会公告，拟于4月3日开会。4月9日，通利源登报，拟于4月22日召开临时会，报告公司增资情况，并依法选举董监人员。1951年5月21日，《宁波时报》登载"宁波通利源榨油股份有限公司清理股权公告"，大意是根据相关文件规定，5月25日前，各股东必须到公司进行登记。1951年6月6日，《宁波时报》登载了一条标题新闻："中粮通利源仓库完成翻仓七万余斤。"通利源似乎成了中粮公司宁波分公司通利源第七仓库。7月7日和8日，《宁波时报》登载"宁波通利源榨油股份有限公司召开股东会公告"，拟于7月28日"召开股东会，讨论重估后调整资本事宜，并改选董监，修正（公司）章程"。此后，再无通利源公司的任何信息见诸报端。据称，通利源榨油股份有限公司公私合营后，成为国营宁波榨油厂。1954年1月4日，《宁波大众》报登载了"庆祝元旦地方国营宁波榨油厂出品"的广告。据其地址在濠河街22号看，其脱胎于通利源榨油厂无疑。此时的榨油厂电话已升级为4位数：0102和0096。

这是一份民国时期宁波通利源榨油股份有限公司的空白发票，上面有编号005455，地址濠河街，电话1007和1008，是目前除了老报纸上的广告外，极为少见的档案实物资料。它记录着宁波第一批大型工厂的探索与坚持，带领着宁波的工业走到辉煌灿烂的今天。

宁波被炸众人救

——宁波市匪机轰炸善后委员会贷款还款凭单

1949年4月21日，中国人民解放军百万雄师横渡长江，先后解放了上海、南京等大城市。5月23日，国民党浙江省政府所属军政人员溃退到舟山定海一带。海上群岛不与大陆接壤的特殊地理位置，给了蒋介石把舟山建设成第二个台湾的幻想。当时江浙两省众多机构的撤离人员加上海陆空三军的驻军，小小的舟山群岛一下子涌入了12万余人。蒋介石曾两次巡视舟山，策划防务，修筑防御工事，在岱山修建机场，准备和解放军长期对抗，以期达到固守舟山，与台湾遥相呼应之目的。

1949年5月25日，宁波解放后不久，撤逃到舟山群岛的国民党残部为阻止人民解放军进军舟山，不断派遣飞机来宁波轰炸扫射。从6月初到9月初三个月内，来到宁波市区甬江两岸轰炸扫射的飞机就达30余次，每次1到6架不等。国民党飞机的轰炸扫射，使市区人民深感惊慌，并使逐渐昭苏的市面复趋萧条。9月中旬开始，蒋机对宁波市区进行毁灭性的狂轰滥炸。"据不完全统计，从1949年6月8日到1950年5月12日，国民党飞机共出动700余架（次），扫射300余次，投弹1300余枚，毁屋5100余间，死伤1100余人"，"国民党飞机的狂轰滥炸，其规模和为害程度，竟超过了日军飞机的肆虐。将近一年时间的狂轰滥炸，以9月份5次轰炸为害最烈"，其中9月13日、20日两天的轰炸，使宁波商业中心江厦街和精美绝伦的天妃宫毁于一旦，祭祀修建灵桥乡贤的平政祠亦被夷为平地，而轰炸的首要目标灵桥遭受了最严重的创伤，"拱形的银色桥梁弹孔密布，桥面弹坑累累，俯视底部即可窥见滔滔江水，幸桥身及基础坚固异常，故仍威武不屈地屹立于奉化江上"。轰炸结束后，因财政与技术之双重困难，灵桥只是"简单包扎"了一下，便带伤运营。

宁波人民深知，只有捣毁国民党残部在舟山的盘踞，解放定海，才能彻底摆脱被炸的厄运。所以必须积极做好解放定海的准备工作，支援前线。1949年10月，人民解放军强大的防空部队驻防宁波，设有多处高火炮阵地，迫使蒋机不敢再到宁波骚扰轰炸。在反轰炸斗争中，宁波人民对人民解放军的严明纪律和优良作风十分钦佩。人民解放军和人民警察冒着生命危险，在火区，冲入尚未燃烧的商店，抢出物资，移至安全地带，分别编好号码，插上标识，派遣学生、职工看管，直到物主回来分别认领回去。物主们见东西丝毫不少，非常感激。1949年9月20日大轰炸以后，宁波市人民政府动员宁波商会和各慈善机构，成立了宁波市遭受匪机轰炸善后救济委员会。

此后不久，国民党在海南岛失守，重新考虑了舟山的命运。舟山面对的将是解放军20万有备之师，且有海空军配合。舟山12万守军相当于国民党当时仅剩的陆军部队的三分之一，一旦再遭歼灭，守备台湾就是一个大问题。为了集中力量固守台湾，国民党决定从舟山撤军。

作为宁波城市地标的灵桥，直到1951年上半年才开始着手修复。据报道，修复灵桥前，商康益（即考力脱，丹麦人）曾预估修桥所需费用为12亿元（旧制人民币，亿元相当于现币万元，下同）。于是浙江省交通厅决定自己动手修复，1951年4月21日动工，当年7月5日完成，最终花费了7.67亿元，"省下了一半左右"。

这是一份1950年宁波市匪机轰炸善后委员会无利小本贷款还款凭单，由借户李银桂向世界红万字会宁波分会定期还款，是当时匪机轰炸宁波市区，使灵桥伤痕累累，并让宁波海曙区的商业中心江厦街和天妃宫毁于一旦的重要罪证。宁波被炸后，各方积极行动，宁波市人民政府动员宁波商会和各慈善机构，成立了宁波市遭受匪机轰炸善后救济委员会。1949年11月中旬，善后救济委员会通告了对受灾群众提供小本经营无息贷款办法，一般贷款10石米左右，使那些因遭飞机轰

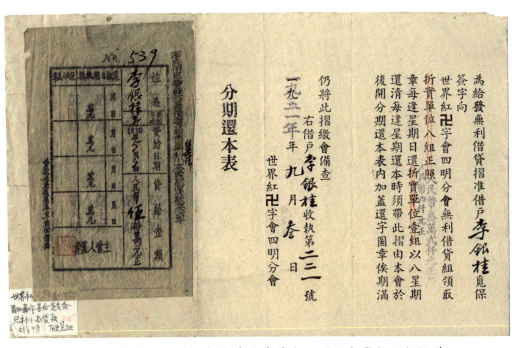

1950年宁波市匪机轰炸善后委员会无利小本贷款还款凭单

炸而失业的小商贩得以生产自救。当时发放的救济款约4000石大米（合30万千克），小本无息贷款的发放约6000石（45万千克）大米。

善后救济委员会成立后，即推派当时宁波商会的负责人金臻庠到上海开展募捐救济活动。金臻庠（原为宁波时事公报社社长）到上海后，即与宁波旅沪同乡会及上海工商界取得联系，并通过宁波旅沪同乡会迅速组织了宁波旅沪同乡会家乡惨遭轰炸救济委员会，由魏伯桢任主任委员，黄延芳任总队长，盛丕华任副总队长，秦润卿任总参谋，沈日新任副总参谋，并推选29名常务委员，下设总务、宣传、劝募、财务四个组，开始劝募活动。宁波人在上海的同乡很多，他们对家乡遭受蒋军飞机的轰炸深为关切，当地报纸每天都有宁波被炸的报道，在宁波出版的《宁波人报》每天在上海的发行量有1000份以上，宁波同乡抢着阅读，对国民党及其残部对宁波的暴行深恶痛绝。因此劝募工作一开展，宁波旅沪同乡就积极响应，有钱出钱，有物出物，纷纷捐献。这一劝募活动原定时间为一个月，后来由于各地宁波同乡和不少国际友人对捐助出乎预料的踊跃，活动时间延续了两个月以上。此次捐款者共7万余人，计人民币21.9288亿万元（折合当时市价可购大米75万千克或黄金1000两左右），实物3万余件，包括粮食、衣被、帽袜、药品、金银首饰、黄金、美钞等。

中药老铺冯存仁

——20世纪50年代宁波冯存仁堂国药号宣传单

宁波灵桥门又新街（现海曙区）有一家中华老字号药铺，距今已有近400年的历史，它的名字叫"冯存仁堂"。"存仁"二字的释义为"存济之心，赠仁于众"。

冯存仁堂的创办者是宁波慈城（原慈溪县城）的冯家，自东汉以来便是名门望族，有"冯半城"之说。慈城冯家历史上曾出过65名进士，6位尚书，多位布政、知府之类的高官。明代冯岳曾任刑部尚书，他的故居大门冯岳彩绘台门，是明神宗亲赐所建，为全国重点文物保护单位。明清易代时，冯家因参与反清复明的斗争，于清代建立后受到冲击，以致家道中落。

清朝初年的某个正月初一，慈城冯家有个叫冯映斋的年轻人，对前途感到迷茫，便去道观求签问卜，却抽到一支下下签。解签的道士听到观外有人喊"四季发财"，产生了联想，就对冯映斋说："四川，你到四川能发财。"冯映斋有绝处逢生之感，对道士的话深信不疑，过了正月十五就辞别了家人，启程赴川。

经过一路跋山涉水，冯映斋在四川的一家药店找到了茶房的工作，为客人供应茶水及做一些店内的杂务。他头脑灵活，手脚勤快，对客人笑脸相迎，很受老板欣赏。干得久了攒下了一些钱，经老板建议存在钱庄以生利息，连本带利也有了不少积蓄。

一日他听两个顾客闲聊，说今年红花是小年，他便打听各地的情况，的确如此。于是当机立断，从钱庄取出所有积蓄，囤了许多红花。果然这一年红花歉收，价格被抬高，他发了大财。此时药店老板想要扩大经营，便拉他入股，他从伙计成了药店的股东。又经过几年分成，冯映斋的资金翻了好几番，实现了在四川发家的梦想。

清康熙元年（1662），冯映斋回到家乡，创办了冯存仁堂药号。之后，冯家数代人均接续祖业，继续药材生意，逐渐成一方巨贾，成为在慈城当地名声赫赫的药业世家。

冯云濠（1807—1855），号五桥，慈城五马桥前新屋人，清道光十四年（1834）举人。四世祖即为创办宁波大药号——冯存仁堂的冯映斋。

相传冯云濠在宁波药行街开设的"冯万丰"药号是浙东最大的药材批发商号。当时宁波是全国药材营销中心，北京同仁堂、天津达仁堂、广州敬修堂、济南宏济堂、沈阳继仁堂、上海冯存仁堂和童涵春堂及温州、诸暨、湖州、绍兴、常熟、武汉、苏州等地的中药材经销商，都来宁波药行街采购中药材。可谓自清代至民国数百年间，一统全国药材市场者，乃慈城药材商也。

太平天国运动时，冯家因资助清政府30万两白银作军饷，受到了清政府嘉奖，还取得了免税贩运药材的特权，业务大振，在全国各地开设了许多商号。冯云濠也成为国内的大富豪之一，有"清代的沈万三"之称。

那时有"南浔刘家，慈溪冯家"之说，南浔刘家为大丝绸商，慈溪冯家和他们资产相当，都有2000万两白银的家底（当时全国一年的税收约为7000万两）。冯云濠经商成功后，生活十分简朴，平时喜欢看书写字，并在家建造了一座浙江著名藏书楼——醉经阁，废寝忘食收集家乡文献，且藏书多善本。同时其又是一个十分豪爽的慈善家，光绪《慈溪县志》记载他"好行善事，凡邑之浚河济荒等事不惜千金"。

这是一张公私合营时期，宁波冯存仁堂国药号的货品销售宣传单。正面上部有花纹装饰，"丸散胶丹市单"繁体字居中，总店又新

中药老铺冯存仁

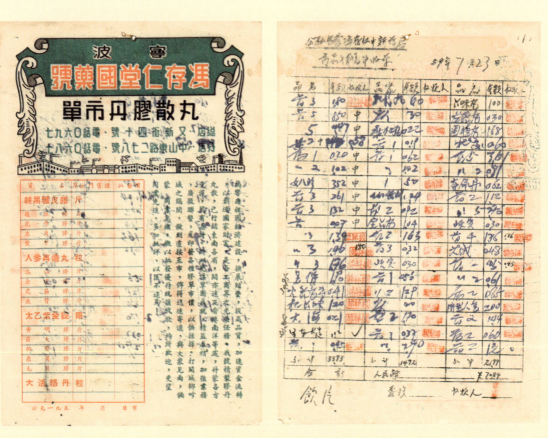

宁波冯存仁堂国药号的货品销售宣传单

街40号，分店中山东路278号，下方右边为宣传广告标语，左边为"纯黑驴皮胶""人参再造丸""太乙紫金锭"和"大活络丹"的门市价、批发价。背面为1959年公私合营冯存仁中新药店商品销售记账单的记录。

　　1949年，宁波刚解放不久，国民党的飞机疯狂轰炸灵桥及江东的鄞穿公路。轰炸第一天，第一批十几架轰炸机飞临宁波灵桥的上空，一枚枚炸弹从天而降，冯存仁堂被炸弹击中，只能宣告歇业。1951年，在中国共产党和政府的重视及扶植下，冯姓后裔11户重新合伙集资10万元，在宁波海曙区东渡路重建店房。1956年实行公私合营，东渡路店址让给冷藏公司扩建用，冯存仁堂迁至江厦街，营业至今。现位于江厦街的冯存仁堂为四开间，前店后场，店堂营业，工场自制丸、散、膏、丹等中药。

甬商独资办银行

——1950年四明银行工会会员手册

清光绪三十二年（1906）春，旅沪甬籍大亨虞洽卿随同清廷大员端方、载泽、戴鸿慈、李盛铎、尚其方五大臣赴日本考察。回国后他上书慈禧太后，列举出各外国列强利用银行来盘剥中国及制约中国实业发展的种种弊端，并提出创办中国自己的银行的主张，同时又与宁波旅沪绅商周晋镳、李云书、朱葆三等人协商，决定筹建银行。经过多次聚会，推举袁鎏起草奏折向清廷呈报筹建四明银行。袁鎏系钱业出身，曾发起创建清光绪十五年（1889）成立的上海北市钱业会馆。

光绪三十四年八月十六日（1908年9月11日），在距上海外商银行林立的外滩不远的江西路34号，四明商业储蓄银行开张营业了。这是那些外国大班们极不情愿看到的一幕。

四明商业储蓄银行，简称四明银行，由宁波旅沪绅商周晋镳、朱葆三、李翌燕、吴传基、李云书、李厚垣、严舜年、严义彬、叶璋、陈薰、虞洽卿、袁鎏12人发起成立，由周晋镳任总董事长，陈薰任总经理，虞洽卿任协理。额定资本规银150万两，先缴足半数。1921年9月，迁至北京路新址。1927年续收资本，连前合计150万两，是一家纯宁波人资本的商业银行。1931年5月，修订章程，改选虞洽卿、孙衡甫、李厚垣、周仰山、俞佐廷、王心贯、李叔明为董事。由孙衡甫任董事长和总经理。1933年4月，在上海南京路增设四明储蓄会。5月，呈准政府发行兑换券、设立专库保管。1935年改革币制，四大家族用各种手段控制四明银行，四明银行钞券发生挤兑，孙衡甫被迫辞职，由叶琢堂继任总经理。1937年，改组为官商合办银行，由财政部统税署署长、吴锦棠之侄吴启鼎为董事长，中央银行南京分行经理李嘉隆为总经理。同中国通商、中国实业、中国国货三银行合称为"小四行"。1941年12月8日，太平洋战争起，总行迁至重庆，陆续在内地增设分支行处；同时上海分行为李思浩非法改组营业，董事长为李思浩，总经理为孙鹤皋。1945年抗战胜利后，总行于同年10月迁回上海北京路原址，由吴启鼎任董事长兼总经理。1947年，董事长为俞飞鹏，总经理为俞佐廷。1949年5月，上海市军事管制委员会派员进驻该行监督、保护与接收官股。1951年5月27日，参加公私合营银行联合总管理处。1952年底，该行与其他银行合并成立公私合营银行。

四明银行宁波分行成立于清宣统元年（1909），地址初在鼓楼前（现海曙区鼓楼），由总行拨给营运基金规银20万两。1935年5月30日，迁至江北岸外马路57号。同年2月，附设四明储蓄会宁波代理处。历任经理有孙宗模、张莼馥、俞佐宸等。1936年11月9日，设灵桥办事处。1937年3月，又设鼓楼办事处。宁波沦陷时宁波分行撤迁上海。1946年3月30日复业，俞佐宸任经理，后由应彭年继任。1949年5月由人民政府接管，后曾一度停业，同年11月22日核准营业，共有员工39人。1952年11月，宁波分行撤销，结束营业。

这是一份1950年四明银行工会的会员手册，是研究四明银行的重要资料。据手册记载，四明银行总行共有员工298人，其中宁波籍（包括余姚、慈溪、镇海、定海、鄞县、奉化、象山、宁海等）员工187人，占总人数的62.75%。宁波分行共17人，除2人分别为杭州、黄岩外，其余皆为宁波籍员工。其他外埠分行也是宁波籍员工占大多数。

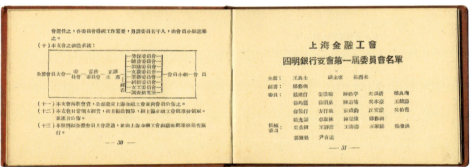

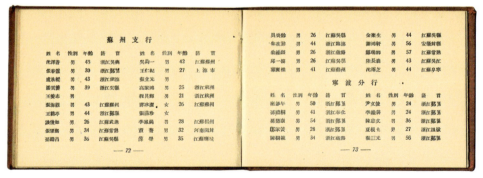

1950年四明银行工会的会员手册

四明银行营业种类为各种存款、放款、汇兑、贴现，买卖有价证券及生金银，其他商业银行应有业务，储蓄业务，特许发行兑换券。四明银行宁波分行建立初期，通过宁波天益、元益等钱庄来推广发行自己的钞券，逐步开展以存款、汇兑为主的银行业务，并兼办保险业务，参加钱庄过账，统一奉行钱业过账制度，扩大与工商业的往来，并学习钱庄发放部分信用放款。特别是对由虞洽卿组织成立的"三北""宁绍"等几家轮船公司，贷款支持尤为得力。1933年，四明银行拥有各项存款100万元，居宁波各银行之首。

鄞江岸边寻书声
——1951年养正小学毕业证

四明山下的鄞江镇历史上属鄞县，现划归海曙区管辖，其上通四明山，下接鄞西平原，是山货与农货的交汇之地，加之有鄞江直通三江口，自古商贸繁华，是一座历史悠久的浙东重镇，素有"四明首镇"之称。

鄞江镇自古尊师重教，民风淳朴，清道光十三年（1833），举人朱孝铨不忍贫寒子弟失学，联合族中士绅、富豪，在它山庙旁设立义塾，并购置学田300余亩，以其收益开支学校费用，名为朱氏真吾书塾。书塾根据生员和教授课程不同，又分为谊正、养正两馆。据民国《鄞县通志》记载，清光绪三十二年（1906）绅耆朱炳蕃（朱晋卿）合并两馆，取孟子"养老浩然之气，正做人之本"之意，将朱氏真吾书塾改为养正学堂。

1912年，改称养正初等小学校，后又改称养正国民学校，占地4亩。1926年，学生增加，加之鄞县县立养正幼稚园借用该校一部分园舍，学校场地更为紧张，校董会商议后，以真吾书塾历年所积之资，在朱氏族人的支持下，将边上的朱氏宗祠前厅也纳入学校中来，将其改建为楼房，作为学生教室。1927年，又改称鄞县私立养正初级小学。1932年9月，学校增设高级，改称鄞县私立养正小学。1941年，日军侵犯鄞江，强占校址作为马厩，学校被迫迁到鄞东村下朱家祠堂。1946年迁回原址。

养正学堂原址现已改建为它山堰村村委会，而当年扩建的校舍和朱氏宗祠一并被保留下来，其为传统砖木结构院落，主体建筑坐南朝北，由门楼、前进、东西厢房、后殿组成，占地近600平方米。大门上至今还留着砖雕"新安遗迹"四字，这是因为早在南宋时，镇江镇就办起新安馆，设经师和蒙师。明代改称新安讲堂。新安遗迹正是让后人不忘早年开办学堂的历史。其前进与后进风格已明显不同，是因1926年学生增加，校舍面积不够而改建。后进即朱氏宗祠的后殿，也称绍文堂。

1950年夏，镇江镇悬慈小学改为鄞江区中心小学。1951年7月20日，养正小学、培才小学也合并到鄞江区中心小学，以原养正小学为总部，另两处为分部。1978年，学校在镇西它山村李家滩新建校址，养正学校至此不再作为学校用途。现经维修后，已成为当地开展文化活动的主要场所。

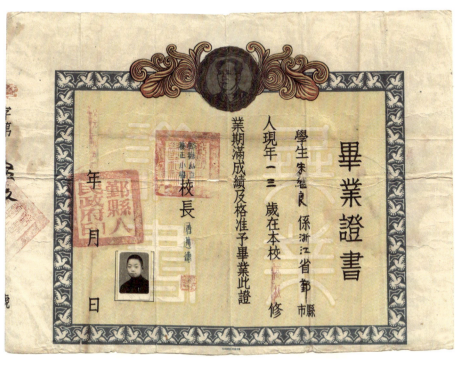

鄞县私立养正小学1951年签发的毕业证书

　　这是一张鄞县私立养正小学1951年签发的毕业证书，而同一年，该校并入鄞江区中心小学，这也意味着，这张毕业证书诞生于宁波孩童教育由私立小学转为公立小学的转折期，是该校以"养正"为校名的最后一批毕业证书，成为这所私立小学最后的历史告别，因此，颇具有历史价值。

收据见证金融战

——1952年浙江省立宁波中学学费收据

　　1844年1月1日，遵照《南京条约》等一系列不平等条约，宁波正式对外开埠。在英国商人来宁波谋求利益的同时，西方传教士也来到宁波。清光绪二十六年（1900）之前，传教士在宁波开办各级各类教会学校，包括幼稚园、中小学校、各种职业技术学校、各类补习学校和高等学校，其中大多数是初等小学。道光二十四年（1844），英国基督教女传教士爱尔德赛在宁波城区祝都桥（尚书街东端）创办宁波女塾，这是具有划时代意义的学校，女子受教育一般也被认为是现代化的标志之一。教会学校的课程设置除了强调英语、科学、数学、宗教等西学知识外，增设了经学、国文等中学课程；西学教师大多由传教士兼任，经学则另聘地方上有名望的老夫子授课。教会学校均不同程度地开设自然科学、社会科学课程，儒家典籍和经史之学的研习被大大冷落，这对宁波，乃至中国近两千年来的教学内容格局是一种突破。

　　洋务运动之际，宁波诞生了一些由官方或"宁波帮"创办的新式学堂。光绪五年（1879），宁波府知府宗源瀚创办辨志书院，其亮点在于开设舆地、算学等新兴学科，开新教育之先导，以后又逐步创办小学堂、宁波府师范学堂、女学堂等。与创办新学堂一起，成为洋务运动重要举措的，还有派遣留美学生，其中宁波籍有六人。光绪二十四年（1898），宁波知府程云俶在宁波帮开山鼻祖严信厚和地方名士汤云鉴、陈汉章支持下，在宁波府创办了第一所官民合办性质的新式中等教育学堂，取名为"储才学堂",校舍设在月湖西面的崇教寺（今海曙区偃月街小学址）。光绪二十七年（1901）1月,慈禧太后以光绪帝的名义颁布"变法"上谕,由此开启了晚清最后十年的"新政"。教育改革是从改革科举（至光绪三十一年废除）、创办新学堂（光绪二十七年始）和鼓励出国留学开始的。留学日本、欧美潮流勃兴。在诸多留学者中,有后来成为近代甬籍知名人物的翁文灏、王正廷等。光绪三十年（1904）,储才学堂更名为宁波府中学堂。

1912年1月,中华民国临时政府成立,开始了一系列改革。宁波顺应新的民国教育方针和学制体系,改革各级各类教育。一是根据民国的《小学令》和浙江省《对于小学教育的办法》,改学堂为学校,并对小学的设置、学制、宗旨、课程等作了改进。二是根据《中学校令》,对中学的设置、学制、课程等作了规定。各县可一县或联合数县设立中学,称为县立中学;私人设立中学,称为私立中学（1912年,陈训正等集资创办私立效实中学）;专教女子的中学,称为女子中学。中学的修业年限为四年。时宁波府中学堂划归省辖,改称省立第四中学。1916年8月22日,应时任校长邀请,孙中山先生在省立第四中学讲堂发表演说,宁波政教各界数百人聆听其教诲。

1937年"七七事变"爆发,日本全面侵华。当时宁波虽然尚未被占领,却多次遭到日机轰炸。为了保存教育力量和确保师生安全,宁波中学辗转四次,行程千余里,进行了宁波历史上迁移地方最远、经历最曲折、时间最长的学校大迁移。1949年,学校更名为宁波市第一中学,简称"一中"。1988年,复名宁波中学。1995年,被评为浙江省首批一级重点中学。学校孕育了张雪门、童弟周、冯定、罗惠桥、陈布雷、郑衍芬、张其昀、屠呦呦、严恺、任美锷、周尧、余松烈、戴传曾、沙文汉、沙文威、华岗、俞国华、张香山、苏青、朱兆祥等风云人物。

这是一份1952学年第一学期浙江省立宁波中学学生缴纳学费收据,包括"学、杂、专、代、膳"费五种,均有校长钱念文的盖章。最为特殊的是,收据上的每一栏费用都用米作价,再折合人民币的相应数额。在解放初期,由于旧社会长期的恶性通货膨胀,人们不再相信纸币的价值。国民政府发行的金圆券几乎成为一张废纸,失去了金融流通功能。统一货币、稳定金融、平抑物价成为新人民政府的一道难题。

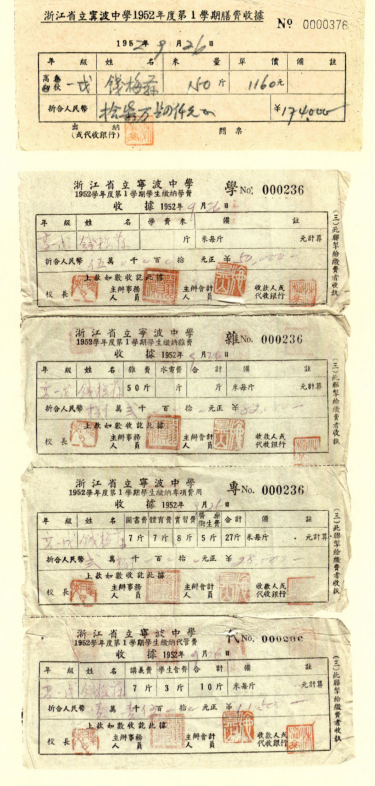

1952学年第一学期浙江省立宁波中学学生缴纳学费收据

　　1949年6月1日，中国人民银行宁波市中心支行成立，首要任务就是接管官僚资本金融机构、确立人民币为统一流通合法货币。为了在短时间内回收国民党政府的旧有货币，中国人民银行宁波市中心支行派出流动服务队到各大型企业、单位进行集中兑换。对于小单位和零星居民，则自行到当时的中国人民银行东门办事处进行兑换。两天时间，中国人民银行宁波支行共收到金圆券433亿元，兑出人民币16.9万元。除废除金圆券外，打击金银投机活动是当时金融管理的首要任务。当时宁波城内共有大小银楼30多家，银圆商贩上千名。这些银楼和银圆商贩从中操纵市场、哄抬物价、投机倒把，导致市场一片混乱。为了整顿市场秩序，改善民生，中国人民银行宁波支行推出了一系列政策。首先是对银贩进行管理，督促银贩向银行申请登记，银行根据申请，为银贩发布临时商贩证，并且指定交易地点。其次，军管会统一组织对银楼进行突击检查。人民银行根据群众检举对当时经营金银投机活动的大本营方翠云、方紫金、凤宝、老庆和、老凤祥五家银楼进行突击检查，将五家银楼的经理及操纵投机的捐客全部拘留，同时将搜查出的黄金银圆全部按照当时人民银行的规定进行收兑，市场开始逐步稳定下来。

　　在1952年缴纳宁波中学学费的收据上，出现以米作价的情况，真实地记录了解放初期宁波经历的金融战争。经过一系列强有力的措施，国民党政权下延续十多年的恶性通货膨胀的严重局面得以改变，宁波的金融市场逐渐恢复稳定，市民生活欣欣向荣。

一纸签名述应公

——1952年应彭年签名万信纱厂股份登记申请书

2014年前后，宁波范宅古玩市场中出现大批万信纱厂股票相关票据，其中著名佛教界领袖圆瑛法师等原名人相关票据已被抢购一空，这张股份登记申请书却无人问津，大概收藏者多不知其史料价值。

万信纱厂总公司在上海山西南路，工厂原在宁波江东箕漕街21号，由戴源长、戴文德等合资创建于1944年11月，原名宁波宁丰纱厂，时有纱锭384个。1945年9月，改组更名为万新纱厂股份有限公司，因与重庆万新实业股份有限公司重名，于1947年8月改"万新"为"万信"。

解放初期，新中国对资本主义工商业进行社会主义改造，针对某些私营企业中隐藏着一些官僚资本股产的情况，中央政务院于1951年1月5日发布了《企业中公股公产清理办法》，2月4日，又发布了《关于没收战犯、汉奸、官僚资本家、反革命分子财产的指示》。5月24日，《宁波时报》登出了《宁波万信纱厂股份有限公司清理股权公告》，要求原万信纱厂持股人在5月28日前来宁波方井街万信纱厂事务所或上海总公司登记，而这份申请书正是当时重新登记时的票据之一。

申请书显示，这份票据是在他人填写后，由申请人应彭年签名确认。据《震荫堂记》所述，应彭年之氏族为唐明州刺史应彪之后，世居今鄞州区的下应街道，称为湖下应氏。至佐国公时，以医行世，生有五子，其四子名为廷震公，从事商业，在32岁时就去世了，应彭年为廷震公之子。申请书中写着其居住地为今天的海曙区毛衙街15号，这应是其发家后购置的房子。而股票单上有"应星房"，应是其房号。而且从股票登记单上推算，应彭年生于1900年7月7日，这些信息都是其他资料所不曾提及的。已知应彭年史料并不多，可以查到的最早的资料，是他曾任恒茂庄钱庄经理。该钱庄开设于1922年，投资33000元，于1935年停业。据可查资料，恒茂庄钱庄的投资人有蔡仁初、郑萃堂、郑奎元、李泉才、李祖荫、应佐卿、刘桂才。虽没有资料显示应彭年就是恒茂庄钱庄的创办人，但从1924年4月第三届钱业同业公会中应彭年已经任常务委员可推断，该钱庄由他创办的可能性极大。后他被选为钱业公会第一届（1946年8月）、第二届（1949年3月）理事长。[①]而且，应彭年继俞佐宸后，曾任四明银行宁波分行行长。可见其在当时宁波的钱庄业中有着较大的社会影响力。1934年10月，余姚汽车公司和宁波通运汽车公司联合成立观曹长途汽车股份有限公司，创办时有汽车28辆，设车站21个。经营慈溪观海卫至余姚五车堰、余姚至周巷、胜堰至浒山等汽车长途线。应彭年为董事会成员之一，且为常务董事。该公司在1937年7月全线停运。

应彭年不仅从事银行业，还涉足交通业、工厂、典当行。1940年起，棉花跌价，而棉纱涨价。商人纷纷购置机器，生产棉纱。应彭年也从上海购置纺纱机两台，准备创办裕生纱厂。机器转道象山石浦运至宁波，1941年，为避敌人耳目，在下应镇创办家庭工艺社，所生产的棉纱运至宁海各处转售敌后方。抗战胜利后，其正式登记为裕丰纱厂，新购机器扩大生产。1945年底，镇海久丰纱厂原经理戴文德私拿厂中机器及棉纱，被免去经理职务。董事会推选应彭年任经理。1946年，裕生纱厂并入久丰纱厂，由原裕生副经理胡馥苏任久丰副经理，裕生厂长应洽卿任久丰厂长。1947年下半年，经童应祥介绍，久丰买进镇海立新纱厂，并改名为久丰二厂。[②]

①陈铨亚：《中国本土商业银行的截面：宁波钱庄》，浙江大学出版社，2010，第45页、第61页。

②镇海县政协：《镇海文史资料（第一辑）》，1985，第109页。

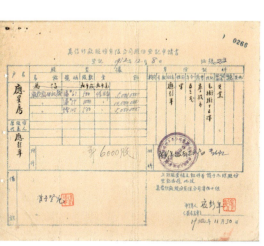

应彭年签名的万信纱厂股份登记申请书

应彭年所持的万信纱厂股票

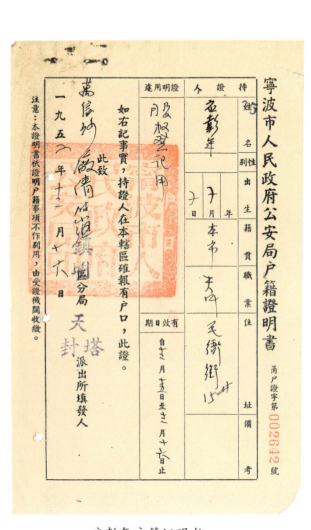

应彭年户籍证明书

应彭年曾任余庆典当行经理。20世纪30年代前后，鄞县典当业公会在开明街成立，其被选为候补执委。① 应彭年还是宁波佛教居士林的创建者之一。1932年，姜山镇商贾边文锦与应彭年、王一亭、赵芝室等人，共同联名向当时的县政府呈请备案创建。1933—1939年，其还担任宁波佛教居士林前五届理事会理事。②

应彭年也热心公益事业。1935年8月，由美国浸礼会、长老会开办的四明中学和英国循道公会所开办的斐迪中学合并成立浙东中学，其址位于江北泗洲塘。1937年抗日战争爆发后，学校停办。抗战胜利后复校，原校舍因已毁于战火，1947年迁入新马路的仁济医院旧址。该校属教会办的学校，进行礼拜等宗教活动是学校教学活动之一，而学校东侧恰有一处英国人早年建的哥特式建筑，名为圣保罗堂。为使学校有一处宗教活动场所，应彭年一人出资2000万购买圣保罗堂，这一年适逢其父廷震公70冥诞，为追记其先德，应彭年将圣保罗堂改名为震荫堂，随即将此建筑及基址捐献给了浙东中学。

万信纱厂是宁波历史上的著名企业，几经合并改组，也是今天维科棉纺织有限公司的前身。抗美援朝时期，还捐献过飞机一架。工厂原址在20世纪90年代末拆迁，建起凯丽大酒店和居民小区。这张申请书记录着企业发展的足迹，且留有宁波民国时期著名人物应彭年的亲笔签名和私印，是其留存下来已知唯一手迹，因此极具档案价值。

外销丝绸产宁波

——1952年生丝绢完税单

这组档案，由两张1952年单据组成。

一张为1952年8月3日，由鄞县密岩乡（今海曙区章水镇密岩村）人民政府开具的"农渔猎牧自产自销证明单"。从中可以看出，这是当地政府为居住在密岩崔岙村的许姓农户销售自产丝绸一匹计九丈四尺后，所开具的销售证明。

另一张为同日，崔昌祥因收购生丝绢九丈四尺，将从鄞江桥运往宁波时，按每匹八丈，税额9524元，在鄞江镇税务所缴税后，取得的"货物税完税照"，即缴税凭据。当时使用的是旧币额，缴税11200元，相当于现在金额的1.12元。

值得注意的是，其货品生丝绢，也称唐宋绢，是一种将蚕茧以缫丝工艺，用自身丝胶黏合成复合丝，再经过精炼制作加工而成的平纹织物。其因丝身仍含有胶质，制作出来的丝织品仍然保持着茧丝原有的色泽。

自古以来，宁波民间就种桑养蚕，盛产丝绸，由蚕丝织成的绫、绢、丝、绸，都曾冠以"明州"之名，是宁波每年向朝廷进献的贡品之一。其中"明州贡绢"色白丝匀，是绢上作画、书画装裱的首选。据《宁波通史（清代卷）》记载，同治年间，宁波每年出口绸缎100多担，光绪十年（1884），增加到362.35担，货值224659关平两。宁波是海上丝绸之路的重要始发港之一，也是优质蚕丝和丝织品的主产区，我们

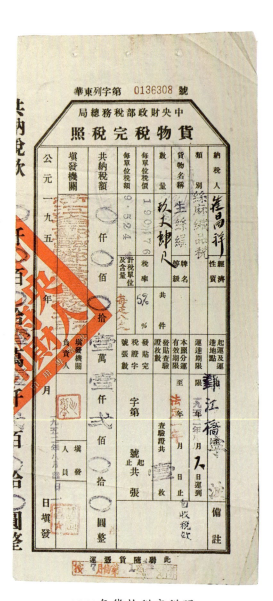

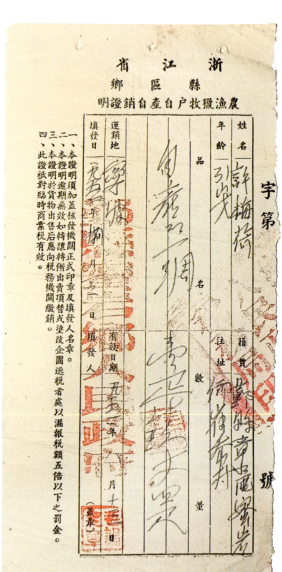

1952年货物税完税照　　　　1952年鄞县农渔猎牧自产自销证明单

有足够理由相信，产自今天海曙区境内的丝织品，不仅上贡，而且近1000年来，一直作为重要的对外输出商品，通过海上丝绸之路行销天下。

曾经的宁波所产的丝绸品，据清乾隆《鄞县志》记载："鄞之绢以生丝织成，谓之生绢，甚佳。"这里的"鄞"指的就是今天海曙区横街、鄞江、章水镇一带。这些地方有着优越的蚕桑条件和悠久的丝织历史。万斯同《鄞西竹枝词》中的一首描写的就是横街林村妇女忙于纺丝织成生丝绢的景象："独喜林村蚕事修，一村妇女几家休。织成广幅生丝绢，不数嘉禾濮院绸。"词下有注："明时蚕利大兴，今唯林村不废。"这足以说明今天海曙区横街镇所产的生丝及其制品质量之高，一点也不逊色于杭嘉湖一带的丝织品，足以和当年久负盛名的嘉兴市濮院镇所产丝织品一较高下。光绪《鄞县志》记载："养蚕纺丝，向推小溪、鄞江桥一带为盛，近日种桑者多，诸村妇女咸事蚕织。"

早年，村民主要养殖的是本地的土蚕种，以春蚕为主，也有秋蚕，一只蚕的单产量也有限。1934年春，为了提高织丝的产量，提高农民收入，在鄞县政府的支持下，划定月山、樟水、梅峰、朱汤、崔岙等六个乡镇为改良蚕桑区，设蚕业指导处，开始向农户无偿发给推广改良种蚕试育，当年产量和收益比以前增加了近三倍。同年秋，又推行秋蚕改良种的养殖。到1952年，该地区已将原来养蚕每年一到二届，改良为春蚕、夏蚕、早秋蚕、晚秋蚕五届。还在樟村密岩、长里方成立了四明蚕种场，年产1万余张。

1950年7月10日，《宁波时报》有一则《密岩村妇女忙纺丝》报道，提到密岩村一共有441户人家，其中80%以上都养蚕。当年四月养蚕期中，全村产出了400余千克蚕丝，其间，家家户户妇女都投入到抽茧纺丝工作中，日夜纺丝，每天工作到夜里12点左右。

这组档案是1952年，从丝制品的主产区密岩乡收购生丝绢，运往宁波前的完税单，其隐隐讲述着千百年来，横街、鄞江、章水一带养蚕织丝的繁忙景象，以及宁波丝织品劈波远行，沿着海上丝绸之路远销海外的故事。

人民代表人民选

——1953年镇明区选民证

1949年新中国成立时，全国尚没有全部解放，也不具备实行普选、召开全国人民代表大会、制定宪法的条件，《中国人民政治协商会议共同纲领》起了临时宪法的作用。1953年1月，中央人民政府委员会决定进行全国普选，召开由人民普选产生的地方各级人民代表大会，并在此基础上召开第一届全国人民代表大会。为此，1953年2月21日，中央人民政府委员会第二十二次会议通过了《中华人民共和国全国人民代表大会及地方各级人民代表大会选举法》，这是我国第一部选举法，同年3月1日开始施行。根据这一法律，中央人民政府选举委员会作出决议，在年内召开由人民普选产生的乡、县、省各级人民代表大会，并在此基础上召开全国人民代表大会。中央选举委员会同时发出《关于基层选举工作的指示》和《关于选民资格若干问题的解答》，拉开了新中国成立后的第一次人民代表选举的序幕。

按照规定，凡年满18周岁的中华人民共和国公民，不分民族和种族、性别、职业、社会出身、宗教信仰、教育程度、财产状况和居住期限，均有选举权和被选举权。当时的选民证规定一般选举区域采用直写的格式，而各少数民族地区可以根据其文字形式与书写习惯选用直写或横写格式。选票大小一般为11厘米×8厘米，单面印刷，对于纸张则没有统一规定。选举前，选民要先进行登记。登记时，有专人负责审查选民资格。凡属公认或经当场评议确定有选举权和被选举权的，当场填发选民证。选民凭选民证才能进入选举大会会场。

根据选举法，基层选举工作于1953年3月开始，至1954年5月完成。宁波当时称为专区，中心城区划为海曙、镇明、江东、江北4区，下辖鄞县、余姚、慈溪、镇海、奉化、象山、上虞、新昌、嵊县、宁海、定海和绍兴县。

宁波专区选举自1953年5月开始基点试验，9月下旬，全区各镇、县在取得试点经验后，以选出"社会主义的带路人"为目标，紧密结合生产，有步骤地全面开展。民众对选举热情高涨，许多农村为了迎接选举，还开展了形式多样的生产竞赛，报纸则对选举工作进行了各种形式的宣传和跟踪报道。至1954年4月5日止，全区1个市、10个县的1076个基层选举单位，除嵊县13个乡正在进行外，已完成1063个。

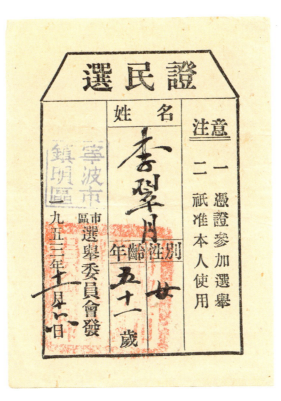

1953年11月李翠月选民证

　　1954年的全国普选，是中国历史上第一次规模庞大的普选，全国有近3亿人参加，选出了基层人民代表560多万人。1954年9月3日，中央选举委员会公告，经过层层选举，最终选出了全国人民代表1226人。这次普选大大推动了人民民主制度的发展，极大地激发了人民群众当家作主、管理国家的热情。

　　这张选民证是1953年11月，宁波市镇明区一个叫李翠月的普通女性市民的选民证，其文字是直写版式，所使用的还是繁体字，和此后历年印制的选民证有着明显的不同，是我国1953年制定选举法后颁发的第一代选民证。小小的选民证，背后是中国历史上第一次规模空前的普选，不仅体现了男女平等，更见证了人民代表大会制度的发展，标志着新中国在实现民主政治方面迈出了重要一步。

钟表大王孙梅堂

——1954年美华利钟表眼镜总行保修单

宁波鄞县北渡村（现海曙区北渡村）与奉化隔着一条奉化江，旧时没有造桥，隔江两岸的人们靠私船摆渡来往。相传清末，有个奉化人要去宁波府缴库银，来到奉化江南岸等船过江。上船后，江面微风习习，再加上起了个大早，奉化人渐觉困意，打起了瞌睡。船靠岸后，奉化人困意正浓，见渡口边有一块还算平坦的大石头，索性蜷缩着躺在上面继续打发睡意。等到睡醒时，才想起今日还有要事须办，不敢再耽搁，赶紧起身就走。匆忙中，那个装着库银的钱袋落在一边没带上。

不久这个钱袋被北渡村一个老人看到了，发现袋内的银两甚巨，老人便坐在石头上等候失主。大半个上午过去了，顶着高高的日头，终于等来了神色焦虑、气喘吁吁的失主。老者笑吟吟地递过钱袋，失主如释重负，感动得无以言表，欲以重金酬谢老者，却遭到了拒绝。

后来，为了表达谢意，这位奉化人出资在北渡村建造了一座桥，取名"还金桥"，以赞颂老人拾金不昧的高尚品德。据民国《鄞县通志》记载，拾金不昧之人正是人称"钟表大王"孙梅堂的父亲孙廷源。

说起孙廷源，他和他的儿子孙梅堂都是对中国钟表事业发展有过贡献的人。清光绪二年（1876），孙廷源创立美华利钟表行。孙廷源一心想要生产出中国人自己的钟表，无奈渐感年迈精力不济，便让他年仅18岁的儿子孙梅堂从上海圣约翰大学辍学，接手管理上海的美华利钟表总行。

年轻有力的孙梅堂接管美华利以后，一改以往的陈规，大胆改革。当时很多钟表行并不只做钟表生意，还兼营其他商品。孙梅堂认为这样会分散精力和财力，他舍弃了美华利经营其他进口商品的业务，只办钟表专业商店，使美华利更具品牌特色，这种做法开了当时钟表行业经营改革的先河。

他还首次推出售后保修原则，并承诺凡美华利出售的每一只钟表，都随附一份保修凭证，对内则加强维修的技术力量，以确保修理质量。这条以质量为上、重视信用的经营策略让美华利立时名声大振。

1917年，孙梅堂从外商手中接盘上海亨达利钟表行。亨达利钟表店是清同治三年（1864）由法国人霍普在洋泾浜三茅阁桥创办的，英文名称为霍普兄弟公司（Hope Brother's & Co），中文招牌为"亨达利"，含义是亨通、发达、盈利。早期，亨达利以经营钟表为主，兼营欧美侨民的日用生活必需品。19世纪末易主，由德商礼和洋行经营，迁到英租界繁华的南京路抛球场营业。1914年，商店转让给礼和洋行买办虞乡山等经营，改名为亨达利钟表总公司。1917年，公司再次易主，并入孙梅堂的"美华利"，沿用"亨达利"店名，专营高级钟表。

由于美华利时钟厂生产的产品质量可靠、声誉卓著，深受用户信赖，其生产、销售业务日益扩大。孙梅堂先后在上海、北京、天津、杭州、济南、汉口、武昌等地开设亨达利、太平洋、华盛顿等15家钟表行。1921年，孙梅堂以"美华利"向上海总商会呈请商标公证，这是中国最早的时钟商标。孙梅堂也因此成为上海响当当的"钟表大王"。

1932年，淞沪战争爆发，闸北一带遭日机疯狂轰炸，损失惨重，亨达利总店经理周亭荪受到极大打击，患病去世。孙梅堂难以支撑，只能将他的事业宣告清理。上海亨达利改组为有限公司，由毛文荣任亨达利总行经理。保留孙梅堂董事一席，美华利招牌仍由孙梅堂保留使用，亨达利与美华利就此分家，结束了两家合一的局面。为了履约到期的贷款，孙梅堂将部分房地产抵押，出售外地钟表网点，至20世纪30年代末，美华利钟表行基本解体，"钟表大王"的神话因战争而破碎。上海解放后，亨达利仍为钟表专业商店，进入20世纪80年代，在

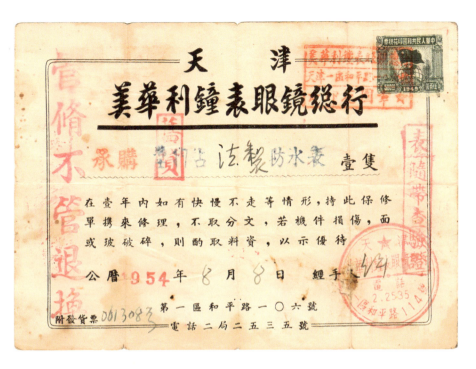

1954年天津美华利钟表眼镜总行的保修单

全市最先上柜供应以领导钟表新潮流而誉满全球的日本西铁城石英钟表。20世纪90年代初，引进康斯坦汀、伯爵、爱彼、劳力士等世界著名品牌手表，曾以132万元（人民币）一只的价格出售名贵手表，创下中国大陆单只手表最高零售价。

这是一份1954年天津美华利钟表眼镜总行的保修单。为了生产出中国人自己的钟表，清光绪三十一年（1905），孙梅堂奉父命去宁波家乡创办制钟实验工场，他不惜重金罗集能工巧匠，终于制造出第一批国产时钟。1912年，孙梅堂将工场迁至上海，并于三年后建立美华利时钟厂，用机器代替手工生产，其中以插屏钟最受顾客喜爱。当年，美华利还以100英寸的四面单套大钟闯出国门，一举获得1915年巴拿马万国博览会的金质奖章，为我国在世界钟表史上争得一席之地。

此枚美华利钟表眼镜总行保修单见证着孙廷源、孙梅堂父子为中国钟表事业发展作出的贡献，他们为人和经商的诚信，永远不会被人们忘记。

女子教育开先河

——1954年浙江省宁波女子中学毕业证

清道光二十三年十一月十二日（1844年1月1日），宁波开埠后，西方传教士陆续来到宁波，他们把办学兴教作为传教的手段之一。据统计，自道光二十年（1840）至1949年，外国教会在海曙城乡先后创办的中小学校有近50所，占全宁波地区教会学校的三分之一。1844年，英国女传教士爱尔德赛（又称"玛丽姑娘"）在宁波城内祝都桥（今海曙区尚书街东端）开设了女子私塾，招收出身贫寒的学生，并提供饮食，免收学费。学校课程最初仅设置圣经、国文、算术，后增加生理、音乐、体操、作文等，并要求学生在功课之外学习缝纫和刺绣。据《中国教育大事典》记载，"1844年设立的宁波女塾，是中国内地最早的教会学校，亦是中国最早之女学校"。

道光二十七年（1847），美国北长老会传教士柯夫人在槐树路设立另一所女校。咸丰七年（1857）爱尔德赛离甬时，两校合并称崇德女校。咸丰十年（1860），美国浸礼会教士罗夫人在城北江滨开设了一所浸会女校，后改名为圣模女校。私立甬江女子中学就是由崇德女校和圣模女校的中学部组成的，1923年，正式定名为甬江女子中学，聘美籍华人徐美珍女士为校长。当时甬江女中还是完全由外国教育传教士把持，学生不仅被强制接受基督教课程，甚或接连失去参与爱国运动的正当权利。1927年，北伐战争及之后兴起的捍卫民族权益思潮，把变革新风吹进了甬江女中。1927年7月3日，《时事新报》发布消息，宁波收回教育权急进会决定以从外国人手里收回甬江女中为起点，开启宁波教育权收复大计："先收回甬江女中，因吾甬女子学校，仅甬江一所，而又在教会势力束缚之下。致使吾甬女子教育，无由革新与发展。"《民国日报》全程追踪了甬江女中的"收复"经过。1927年7月5日上午9时，宁波收回教育权急进会派出15名委员组成接收小组，抵达甬江女中开展工作。从9时许至12时，接收委员与沈贻芗、邬老姆、张安乐三位甬江女中代表进行了谈判。最终在当天午后，接收委员监督张安乐"至各办公室、教室、图书室等公共场所，将器具点齐，一律发封"，贴上了印有"宁波收回教育权急进会七月五日封"的封条。与此同时，为防范不法分子乘机破坏，接收委员还联系警方向甬江女中派驻四名岗警，严禁无官方发给证件者出入。查封资产过后，甬江女中的改组工作迅速展开。据《宁波妇女运动史》介绍，7月7日，甬江女中完成管理层调整，成立了12人校董会，并聘请沈贻芗出任校长。至此，甬江女中收回教育权的行动基本完成目标，浴火重生的甬江女中驶入了本土化发展的新车道。1927年，沈贻芗接过甬江女中重担后，励精图治展开全面改革。1931年，她向旧浙江教育厅申请立案，获得了核准，学校的编制、设施、课程、班级等，均照私立中等学校章程正规办理。学校一时虽没制订出各项成文的规章，却逐步形成了良好的校风。还规定"学生一律穿校服，热天是裙子，平时是黑布旗袍，显得朴素大方，整齐划一，养成不分心于穿戴打扮，而专志于用功读书的良好习惯"。可见虽然甬江女中的主要生源是大家闺秀，但沈校长绝对无意将她们培养成精致利己的"大小姐"，甬江女中的教育目标是朴素大方、德才兼备的新女性、新知识分子。甬江女中的教学革新结出了累累硕果。越来越多的优秀学生争相报考，江苏无锡、福建晋江、广东梅县，乃至北平、天津等大都会的青年都纷纷慕名前来求学。

甬江女中还是宁波早期中国共产党、共青团革命活动的一处"活动中心"，红色底蕴丰厚。据《浙江革命历史文件汇集》中1924年《绍兴、宁波团支部报告表》记载，甬江女中建有宁波地方团第二支部，有"女同志五人"在1924年加入中国社会主义青年团。而据教育史专家胡审严考证，1925年初，甬江女中39岁的教师杨眉山经张秋人介绍由中共上

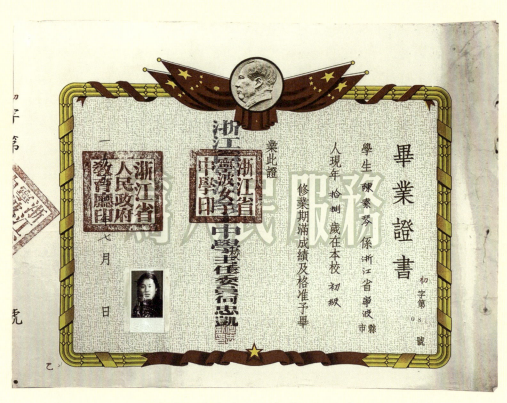

1954年浙江省宁波女子中学颁发的毕业证

海地委批准光荣入党，成为宁波首批四位中共党员之一。甬江女中内也有应志奋担任书记的中共党支部，还发展了付赛英、章恭湘两名党员。在甬江女中校友里，也不乏献身革命的红色英烈。全面抗战爆发之初，甬江女中毕业生应唯鲁携笔从戎，奔赴晋察冀边区开展新闻抗战工作，于1940年12月壮烈牺牲在保定涞水县，年仅21岁。江水滔滔，古槐苍苍，英雄儿女，后世不忘！

这是一张1954年浙江省宁波女子中学颁发的毕业证，盖有浙江省人民政府教育厅大印和校长何忠凯的印章。1951年7月17日，华东军区宁波市军管会发布命令，决定接管甬江女中，收回教育主权。据《当代日报》记载，时任宁波市文教局副局长左文轩在交接大会上鼓励甬江女中全体师生："这个学校由人民自己来办，一定办得好！"当夜，宁波市市长苏展应约来到甬江女中与同学们一道庆祝这所百年老校的浴火涅槃。苏市长郑重勉励围坐身旁的青年学子道："努力培养自己做一个女科学家、女工程师。"在新中国成立之前，会读书写字的人极少，更别提作为女性，想要读书无疑是难上加难，所以那时候能进甬江女子中学读书的家里非富即贵。

1952年2月，甬江女中正式更名为宁波女子中学。这张毕业证书见证了新中国成立之后，甬江女中从一所贵族学校向普通百姓打开大门的历程。1958年，宁波女中易名为宁波六中，并施行男女合校。甬江女中作为女子教育机构的历史，至此走到了终点。1994年7月，该校被命名为甬江高级职业中学。建校160多年来，已培养了近3万名高初中毕（肆）业生。现辟为宁波教育博物馆。

竹洲难忘老校长
——1957年宁波二中毕业证书

宁波各中小学中，唯有宁波二中根脉不绝，历史沉淀更无他校可及。

宁波二中位于海曙区月湖南部一座名为竹洲的小岛上，风光旖旎，更不待说。早在北宋庆历七年（1047），鄞县县令王安石就在此设立县学，邀请"庆历五先生"之一的浙东理学名家楼郁在此讲学，开创浙东理学之先河。南宋淳熙十年（1183），著名政治家史浩在此筑室"真隐馆"，孝宗御赐"四明洞天"额。次年，史浩与魏杞、汪大猷同创月湖诗社。此后，四明学派代表人物沈焕主讲于竹洲书院，还与其弟沈炳、金华吕祖俭在岛上共同创办了"沈端宪讲舍"。清乾隆年间，"史学大柱"全祖望治学竹洲，重建书院。清光绪五年（1879），宁波知府宗源瀚又在竹洲创建辨志书院，在教授传统文化的同时，也引入西方文化，走出了宁波教育近代化的第一步。

1912年3月18日，竹洲岛上举行了宁波第一所女子师范学校宁属县立女子师范学校的开学典礼，该校由宁属六邑人士共同创立，学校开设数学、生物、理化等课程，竹洲岛上的学堂一改旧有书院制度，有了第一所近代制度学校。这期间，陈修良曾任学生协会会长。1927年3月，中共宁波早期领导人杨眉山先生以女师、启明和培英学校为基础，在湖西竹洲创办中山公学，并任校长。开始男女同校。1927年7月，宁波市教育局局长杨菊庭在竹洲开办宁波市立女子中学。1929年，在市长罗惠侨的提议下，设立初中普通科和高中师范科。1931年，更名为鄞县县立女子中学。次年，蒋介石、金廷荪、杜月笙、陈布雷等带头出资捐款扩建学校。1949年3月12日，蒋介石偕蒋经国到校视察，称赞其是全国第一流的县级中学。

新中国成立后，学校改称宁波市市立中学。1952年，被列入浙江省重点中学。1954年，学校更名为浙江省宁波市第二中学，沿用至今，现为省一级重点高中。

宁波主城区内的原有20余所中学，或合并、或迁址，20世纪末，原计划宁波二中也要搬离竹洲，而当时的老校长傅千里坚决不同意，不断向有关部门反映奔走，才使宁波二中仍留在原址，成为宁波各学校中唯一一处自开办以来，一直不曾迁址的学校。我们今天看到的学校，还是当年著名画家丰子恺任教时看到的景色，还是中国首位诺贝尔奖获得者屠呦呦学习时看到的风景，宁波二中承继千年学风，书香不绝。而这一功绩，当归老校长傅千里，他在宁波教育界赫赫有名，有"五中李庆坤，二中傅千里"之誉。

傅千里，1918年3月生，浙江诸暨人，湘湖师范、英士大学中学数理化教师专业毕业。早年参加中国共产党，历任绍兴中小学，遂昌、天台、三门县师教师，义乌诸暨县督学、民教馆长等职。1946年，应宁波三一中学之邀，迁居宁波任教。在三一中学期间，利用学校为教会所办的有利条件，隐蔽进行革命思想教育，使大批学生参加革命或加入中国共产党，该学校被称为红色堡垒。1949年宁波解放前夕，正是傅千里和另一位同志受县工委指派，到城西的石塘镇，带领解放军22军190团自西门攻入城区，迎来了宁波城解放。解放后，奉派任校务委员会主任，接管县立女子中学（今宁波二中）。他曾亲自与东北军政委员会文教部联系，为学校图书馆争取到不少新书，又支持学校图书馆购置新书，同时，其本人也将收藏的《鲁迅全集》捐献给图书馆，充实馆藏。此后，先后任教导主任、副校长、校长等职。致力于在职教师培训和学生全面发展理论研究。获省市教育部门表彰及市先进工作者称号。曾任宁波市人大代表、市政协委员，民盟市委常委兼宣传部部长。

这张宁波二中毕业证书正是由傅千里校长签发的，而且据浙江省

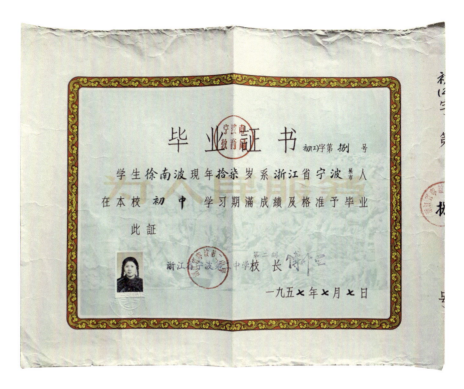

宁波二中毕业证书

教育厅1957年3月发文，其已被任命为校长，免去第二副校长职，而此毕业证书还加盖着第二副校长一章，猜测是学校事先章好盖的毕业证书尚有多余，傅校长不计小节，也就旧物再利用了。

信笺无字胜有字

——20世纪50年代宁波市私立三一中学信笺

如果谈及宁波的近代教育历史，三一中学始终是无法绕开的话题，这所校名都具有浓郁宗教色彩的学校由英国圣公会创办，虽然不是宁波最早建立的教会学校，但其规模、历史、影响是其他教会学校难以企及的，在宁波乃至浙江的近代教育史上举足轻重。

据1947年9月17日《时事公报》刊登的三一中学建校81周年公告，推算其最早可以追溯到清同治五年（1866）。

清道光二十八年（1848），英国圣公会派戈柏、禄赐两位教士到宁波传教，为了教授教内的子弟，其在贯桥头创设了义塾，即今天鼓楼至开明街之间的中山路上。次年，英岳教士及其夫人来华管理义塾，聘本地的牧师王有光为老师。没几年，学校迁至孝闻坊一带。因求学者众，光绪七年（1881），购地建学校于李衙桥侧，即广仁街今海曙中心西校区。当时，民众思想依然守旧，国内尚无新式学校概念，为了让民众能接受，学校依旧沿袭中国传统书院叫法，定名为三一书院。"三一"一词源自基督教中一个重要概念——三位一体，或称圣三一，即基督教认为上帝只有一个，但包括圣父、圣子耶稣基督、圣灵三个位格。圣公会属于基督教中三大原始宗派之一，故有此称。

1912年，改制变革成为社会时尚，向往西方文化成为时代潮流，学院也采用学校制，易名三一中学。同时，学校也从原来专收教内子弟改为兼收教外学生。和其他教会学校不同的是，三一中学不是初等学校，而是一所中等教育学校，除了聘任社会有才之士外，传教士也亲自授课，学生不仅要学习宗教课，还有初级英语、希腊语课、几何、代数、历史、地理等课程，该校也成为最早将西方自然科学和社会科学教育体系引入浙江的学校之一。学校所培养的学生多成为当时的社会精英，其中有中国奥林匹克之父王正廷、中华圣公会第一任华人主教沈载琛等。

1928年6月，圣公会将校务移交浙江中华圣公会常备委员会接办。1931年8月，改为三一初级中学，由教育部予以备案。抗战全面爆发后，学校一部迁到鄞西蜜岩、浦江沈家、诸暨十四都等地，宁波学校一度改为三一圣经学院，以显示自己的洋身份，避免被日军侵犯。1946年秋，广仁街原校址因暂借鄞县县中，便借双池巷仁德女校及仁泽医院旧址复校，学校定名为鄞县私立三一中学，当时在校学生约1200人，为宁波各校之首。1949年，改称宁波市私立三一中学。1952年12月9日，原青年中学并入该校，学校改称浙江省宁波市第三中学，并由私立改为公立，开始了新的历史时期，并将这一天定为校庆日。

1948年9月，宁波八中在原三一中学广仁街校址创办。2008年，宁波八中与李兴贵中学合并后，此处成为李兴贵中学广仁街校区。后学校调整，改为海曙中心小学西校区。

此信笺为八栏直框，上有"宁波市私立三一中学"校名，最下部印有地址双池巷19号，由此可见，这张信笺是三一中学在1949年至1952年期间使用的信笺。双池巷今属孝闻街北段，三一中学校址早年为仁德女校，其位置在南北向的双池巷西侧，孝闻街延伸贯通后，校址已不存。曾经的三一中学已经成为历史，这张旧信笺看似只是一张没有写过字的空白信笺，但还能勾起历史深处的那些记忆，三一中学的历史跃然纸上。

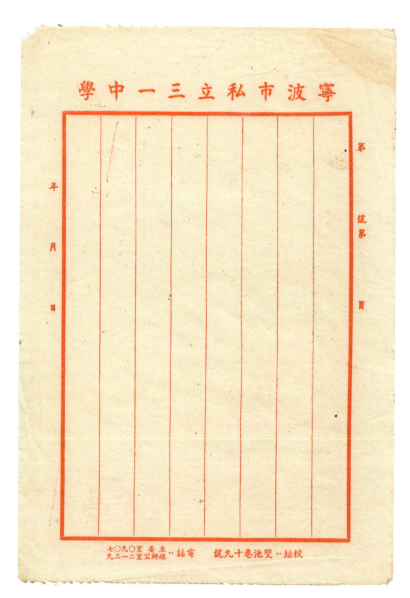

烈士堂上一劲松

——1966年李扬群烈士所写证明材料

　　这是一份1966年李扬群写的证明材料，内容很简单，提到他和周友声并不相识。或许很多人并不知道，这份证明材料的价值在于，这是李扬群留存下来的唯一的笔迹，他是一位安葬在北京八宝山革命公墓中的革命烈士，因此，这份证明材料因稀缺而显得珍贵。

　　李扬群（1920—1968）出生在宁波西门外西郊路一幢中西合璧式两层小洋楼中（今海曙区西门口至大卿桥之间）。曾就读于浙江省立第四中学（今宁波中学）。后考入国立中央大学工学院航空系学习。1943年7月毕业后，先后任重庆国民政府中央航空委员会机械处制造科科员、成都国民政府飞机学校发动机组教官等职。

　　1947年2月，李扬群被调到上海国民党空军供应司令部工作。该司令部负责全国的空军补给，兼管上海的空军作战指挥，是国民党军方的要害部门。李扬群的公开身份是第三处修护管制科机械官，还曾任代理科长。主要负责登记和掌管全军飞机、军械、车辆、仪表设备的装备维修档案。

　　在旁人眼里，李扬群父亲从事建筑业，还曾投资钱庄业，家境颇饶，而他又有高学历，刚从少尉参谋升至空军中尉，可谓前途无量，让人羡慕。但除极少数人外，人们并不知道李扬群在中央大学读书时，就已经加入中国共产党。

中国人民解放軍空軍工程部用箋

正本主计 梁 号4-85

周友声材料　　　　67

周友声我不认识。我也没有在伍空軍偵查忘处工作过。

伍空軍偵查忘处范围很大。现在西安交通大学当教授的阎舍礼 和現在上海高等工业学校的 胡文远，过去都在偵查忘处任事过，不知认识否，请向一下。

李扬群

3月拾4

李扬群同志係中共正式党員、处長、所写材料供参放。

空軍工程部政治部

1966.5.17

1966年李扬群所写证明材料

1949年2月25日凌晨，国民党海军所属的重庆号巡洋舰起义，该舰被视为国民党海军王牌中的王牌，而且舰上还载有大量原计划运往台湾的物资和军方档案文件。起义震动了已"引退"的蒋介石，他立即向空军下达了炸毁"重庆号"军舰的死命令。轰炸机计划在上海空军基地挂弹、加油后再去实施轰炸行动，李扬群获知这一信息后，立即组织隐蔽在相关部门的地下党员，实行层层拖延时间、设置障碍、调整炸弹导向板等措施，正是因为李扬群等人做了大量破坏工作，配合"重庆号"成功驶往葫芦岛港口，致使国民党错失了炸沉战舰的良机，被蒋介石称为是"空军之莫大耻辱"。

1949年2月，随着国内三大解放战争的推进，国民政府见大势已去，加紧对重要物资及高级技术人员转移去台湾的准备。李扬群根据上级指示，尽可能多地策动国民党中的中高级技术人员留下来，迎接解放。

李扬群亲自起草并印制了《告空军将士书》和《告工商业同胞书》，直接把宣传单分批寄往国民党空军系统在上海的各个机关部队所有人员，引起了不小的震动，有些技术人员和士兵由此决心留下来等待解放。根据计划，原南昌航空研究院等科研机构航空技术专家及家眷相继集中到上海，准备随时登船去台湾。李扬群得知这一情况后，他以同学或者校友这层关系，秘密逐一开展思想工作，劝说留下来为新中国工作。最终有20多名中高级航空工程技术人员改变了去台湾的想法，李扬群等人帮助他们脱离国民党的监视，秘密将这批人转移隐蔽起来，其中就有被誉为"中国飞机设计的一代宗师"的徐舜寿、航空机械专家和航空教育家王裕齐、航空仪表专家昝凌、空气动力学家曹金涛等一批航空领域高级专家。

1949年4月21日，中国人民解放军吹响了渡江解放全中国的号角，为配合上海解放，保护财产，李扬群把积极分子动员起来，印制、分递传单，向空军内部及其他单位宣传中国人民解放军政策，迎接解放。组建"新空军自卫总队"，保住了大批从美国运来的航空器材，而且为最大限度防止大量航空器材装车运往台湾，这期间还劝说了一支骑警中队，在驻地全部起义投诚。上海战役打响后，李扬群带领30多名自卫队员佩戴上"新空军自卫总队"的臂章，占领空空如也的国民党空军供应司令部大楼并开始了护楼工作，升起苏州河北的第一面红旗。这期间，还控制住了江湾机场两个全副武装的警卫排，使全部人员缴械投降，听候接管。看管空军供应司令部临时伤兵医院2000余人。俘获了200余人，缴获汽车5辆，以及大批枪支弹药。成功策反一辆坦克，在国民党军后方向各据点猛烈轰击。这一系列行动推进了解放大上海的进程。

新中国成立后，李扬群任华东军区航空处航空工程研究室副主任等职，全力投入到恢复、调查原有航空设施，构建新中国航空事业中来。1950年起，调往空军，任空军工程部修理部飞机处处长。

"文化大革命"开始后，李扬群因其解放前在国民党工作的经历，以及与几十位原国民党高级技术专家有过直接交往经历，首当其冲成为重点审查对象。造反派为了迫害在全国各航空研制机构任重要职务的原国民党航空专家们，逼迫李扬群杜撰他们是潜伏特务、是反党分子的证明。他始终以事实为依据，不愿出具虚假证明，最终在狱中被迫害致死。

"文化大革命"结束后，李扬群被追认为革命烈士，一副眼镜、一枚印章是他仅有的遗物，静静地被安放在八宝山革命公墓"烈西一室"里。工程院院士、著名飞机设计师陆孝彭曾写有《悼念李扬群同志》："良师教益焉能忘，马列主义吾所从。生当无畏做人杰，死无反顾为鬼雄。首乘战车破敌垒，每设奇谋惩顽凶。奸小谗言何足论，烈士堂上一劲松。"

运河绝影溯古坝
——20世纪60年代大西坝过船票

众所周知，姚江在宁波三江口与甬江相接，因其外通大海，每天有两度潮汐变化，据宝庆《四明志》载："大江乘潮多风险，故舟行每由小江。"可见，姚江因自然原因不便行舟，宁波先民便利用宁波地区河网纵横的特点，改造自然河道，形成了宁波地区自然河道与工人河道相结合的浙东运河航道，其中，大西坝始终是这段航道上无法回避的重要节点。

大西坝位于海曙区高桥镇以北约2千米大西坝村的大西坝河上，在大西坝河与姚江的交汇口。大西坝南侧是大西坝河，一路向南过高桥与西塘河相接，折向东后，沿西塘河可直达宁波城的西门"望京门"。由此，既可经水门入城，也可沿护城河转而向南，在南水门折向南塘河，经南塘河可到奉化、台州等地。大西坝隔姚江与小西坝相望，过小西坝，沿刹子港即可直达慈城镇（历史上慈溪县县城）西水门，也可折向慈江，向西直达丈亭、与姚江相接后又可达余姚、上虞。大西坝无疑是欲沿姚江北上又想绕开姚江潮汐涌流的船只必经之处，也是旧时运河航路上无数个翻船坝中，到达宁波前的最后一个翻船坝，因此，其有宁波门户之称。

民国《鄞县通志》记载："石堰今名西坝，《钱志》谓在四十九都二图。"宋宝庆《四明志》记载："西渡，望京门西二十里，往慈溪路，管堰洪子，原管一十八名，每名月支和雇钱二贯文。""逾西渡堰入慈溪江，舟行历慈溪、余姚以至上虞之通明堰，率视潮候。"由此可见，大西坝原名西渡堰，后改名为石堰、西坝，也称大西坝。大西坝当在宋宝庆三年（1227）前已经建成。淳祐年间和宋宝祐六年（1258）都曾进行过维修。最初的大西坝是由牛牵引过船的泥坝，后在宋宝祐六年修筑为石质堰坝，故有"石堰"之说。因而推断认为，该建筑当为庆元知府吴潜（1195—1262）修筑，与江对岸的小西坝时间相同，吴公曾任宋庆元府兼沿海制置使，知府时，采取措施，使地方财政收入大幅增加，对贫苦百姓输纳赋税，减轻了人民疾苦。

大西坝旧址为全国重点文物保护单位，包括1958所建单孔水泥闸，闸口北侧电动升船机船闸遗迹，以及1962年所建大西坝翻水站，为完整的水闸、船坝、排灌水站等组成的水利设施。

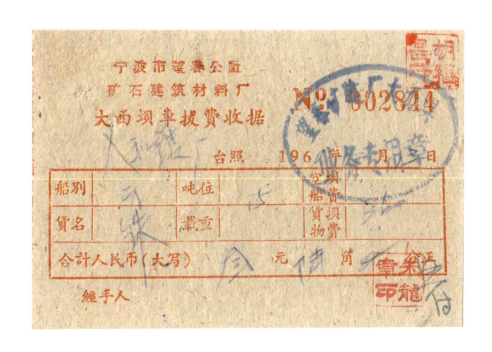

大西坝在历史上是集调节水位的堰、过船的坝及渡口为一体的水利交通枢纽。宋宝庆《四明志》记载："管堰洪子，原管一十八名……牛畜原额八头……宝庆三年，洪子存者一十三名，牛存者一头，舟上下甚艰。守胡榘买牛增人。"可见，在宋代，维护大西坝相关人员有近20人。大西坝的牛，主要用于在坝两侧各拉动转轴，使系于船只尾部的绳索逐渐拉动船只过坝。

高丽国崔溥的《漂海录》以个人经历详细记录了中国历史上明代大运河航路中大西坝古时航道与堰闸情况，寥寥几句简练的文字，形象地记录了当时大西坝的景象："至西坝厅。坝之两岸筑堤，以石断流为堰，使与外江不得相通，两旁设机械，以竹编为缆，挽舟而过。"

今天，随着交通的发展，曾经舳舻相衔的大西坝的功能早已弱化为单纯地调节河道水位，只有古书典籍还对其有只言片语的记载，关于大西坝的历史则慢慢消失在历史的长河中，正如这张过船费收据，为何在票面上会出现离大西坝村较远的岐山村矿山建材厂厂名，着实让人费解。但根据票面上望春公社的称谓、明确的年代信息和表格内容，可以确认这是一张20世纪60年代大西坝使用过的过船费收据，小小的票据，见证着大运河上重要节点大西坝，以及水乡传统的交通方式最后的辉煌。

宁波工艺走四方

——20世纪六七十年代宁波工艺美术厂门市部包装纸

　　这是一张宁波工艺美术厂门市部使用的包装用纸。纸张中部印有一个八角形的图案，外框上下两侧印有中英文"宁波工艺美术厂"，框

宁波市工艺美术厂门市部使用的包装用纸

内的博古架上以刻印技法装饰有狮子、佛像、插屏、瓶花、古船等图案，粗实的线条上显现着星星点点的花纹，画面上黑色的"经营嵌镶及雕刻品"几个字特别显眼，字体似隶似篆。整张包装纸虽然图案用色单一，但给人以历史年代感，古朴之美扑面而来。

宁波工艺美术厂原位于海曙区解放南路62号，曾经是一家闻名海内外的宁波知名企业，其历史可以追溯到解放初。宁波的工艺美术历史悠久，品类繁多，但由于解放前连年内战，百业凋零，一些艺人纷纷改行，很多传统工艺濒临绝境。为了保护宁波的传统工艺，有关部门重新把身怀绝技的艺人召集起来，1958年2月，以竹器社所属的翻簧小组为基础，办起了宁波市工艺美术实验工厂，后改名为宁波市工艺美术厂。该厂从最初的3个人开始，逐步壮大，特别是在郑洪生任厂长后，在他的带领下，到20世纪80年代末，宁波工艺美术厂已成为拥有职工300多名，并出口工艺品300多万元的外向型企业。宁波有名的木工、竹工、漆工、雕工、绣工等手艺人相继汇聚于此，企业也从最初的生产竹制品，发展到挖掘和整理出传统工艺50余项，以骨木嵌镶、朱金漆木雕、泥金彩漆、金银彩绣为代表的一批宁波传统工艺更是得以传承和发展。

1967年，宁波工艺美术厂在骨木嵌镶工艺领域研制成功高平嵌结合工艺，使画面高低错落，层次分明，传统工艺得到了新的发展。1971年，又采用有机玻璃作嵌镶料，制作了《红色娘子军》《宁波反帝桥落成》等一批大型挂屏。这一创新突破了传统骨木镶嵌的单一色调，使作品更为鲜艳和亮丽，新奇的艺术表现手法受到民众的喜爱，也为传统工艺增添了新的活力。次年，又复原了螺钿嵌技艺，将螺钿的自然色和九种中间色材料拼合使用，制作的《松鹤大地屏》《西湖风景大挂屏》等突破了传统工艺不能大面积镶嵌和层次重叠的局限性。

仅在骨木雕刻艺术方面，宁波工艺美术厂创造的技术就有五六种，设计制作的相关新产品百余种。所制作的落地屏风《群芳雅集》，以红木为底，用透空、实剔雕花等技艺制作完成，作品被香港宋城以170万港元收购。其产品还被选为刘少奇出访东南亚国家的国礼。著名书法家、中国佛教协会会长赵朴初在参观工艺美术厂后曾题词："思入毫芒，心连广宇，熔今铸古，巧嵌精雕。"

产品走进了各级殿堂。1980年，北京人民大会堂浙江厅重新布置，宁波工艺美术厂为其设计制作了所需的大型屏风、30余套配茶几的沙发、咖啡台、产品陈列桌、壁灯罩、花盆架等全套红木家具摆设，共计114件。为北京香山饭店贵宾房制作了全套红木摆设和家具。为日本富士饭店大厅制作了极具宁波工艺特色的大屏风。1983年，宁波工艺美术厂骨木镶嵌《百美图》获第三届中国工艺美术品"百花奖"希望杯奖。宁波工艺美术厂依靠强有力的技术力量和人才优势，在新产品上下功夫，以独特的传统工艺，大力开拓新产品，所制作产品以工艺精巧、雍容华贵而著称于世，在国际市场上占有一定的市场份额。产品最远销往欧美等国家，尤其受到东南亚客户的喜爱，一度出现出口新加坡的高档家具，一投放市场就被抢购精光的情况。

宁波工艺美术厂除生产大型作品外，也不断研制用传统工艺制作的、体积相对较小的工艺品。最初在厂内开设了门市部，之后又单独设立店面，让传统工艺也能走进千家万户。这张包装纸尺寸不大，正是20世纪六七十年代门市部用来包装小件工艺品的。

一桥飞架通南北

——1972年解放桥通车典礼证

　　这枚1972年宁波市解放桥通车典礼证，用粉红色纸印制，除名称、时间、地点等信息外，四周还印有一圈小图标，图标内有一面面小红旗，散发着光芒，颇具时代气息。从内容上看，这是一枚邀请参加在宁波市人民大会堂举行的解放桥通车典礼的出席证，典礼结束后，将被安排乘坐15号车参加通车后的游行活动。

1972年宁波市解放桥通车典礼证

解放桥南北向横跨姚江，北通江北区大庆南路，南接海曙区解放北路，是沟通两区的重要交通节点。在建桥之前，这一带曾有一个和义渡，其与姚江上游永丰门外的永丰渡和下游东门口的桃花渡遥相呼应，成为人们过江的唯一途径，交通十分不便。

清同治元年（1862），英国商人台佛逊出资，在桃花渡附近建造舟梁式浮桥，因灵桥门外有一座老江桥，故其称新江桥。最初由英国人管理，过桥要收每人四文钱。清光绪三年（1877），宁波商人陈政钥等集资从英国人手中赎回新江桥主权，取消行人过桥费。1969年8月，新江桥原址改建为三孔钢筋混凝土双曲拱桥，于1970年10月1日通车，命名为反帝桥。

和义渡平日人流众多，渡口繁忙，早在1925年，宁波市政筹备处就计划在和义渡用墩船50只新建浮桥，但一直未能实施。反帝桥建成后，原新江桥的浮桥便准备移到和义渡建桥，但原新江桥所在的江面狭窄，而和义渡江面宽阔，于是，新建的桥梁利用原来反帝桥浮桥与新建的梁桥混搭组成。

新桥由宁波市政工人建设，他们克服地质复杂、江面宽阔、施工设备不全等不利因素，在当时学习大庆精神的鼓舞下，大胆创新和使用新技术，从四天压一支桥桩加快到一天压五支桥桩，节省了工程时间。其中，桥梁工程构造全部采用新研制出来的粉煤灰陶粒混凝土材料，这一材料具有容重轻、强度高、抗冲击能力强的特点，与普通混凝土相比，整桥重量减轻了282千克，此前桥梁工程仅有南京长江大桥和新建成的反帝桥使用了此材料，新材料在保证质量的同时，也为国家节省了一大笔资金。

建成后的新桥，江北侧为新建的十孔板梁式桥，全长109.4米，车道宽11米，人行道每侧宽2.5米，桥空净跨10米，设计载重15吨，履带车50吨。而南端的浮桥长132.4米，桥宽6米，设计载重12吨。1972年8月1日，经过五个月的施工，新桥如彩虹卧波，横跨在姚江上，取名为解放桥，成为宁波主城区三江上的第三座桥梁。至此，和义渡失去了它的功能，成为历史的过往。

1979年5月，解放桥改建设计方案确定，同年12月19日正式动工。1981年4月29日，新建的十一孔梁式桥正式通车，解放桥完全变成钢筋混凝土桥。原来解放桥使用的浮桥则拖至东门口外的大道头，命名为江厦桥。1990年，江厦桥改建为水泥桥后，使用了100多年的新江桥浮桥完成了其历史使命。2011年，解放桥再次改造，由双向四车道改建为双向六车道，成为宁波重要的交通枢纽。

曾经的宁波城因姚江、奉化江、甬江横穿城区而过，将主城区自然划为三个区域，为了摆脱交通上的障碍，两岸交通经历了从遍布三江两岸的渡口到沿用100年的浮桥，从第一座桥梁灵桥建成到现在20余座跨江大桥横卧三江的发展历程，而这枚小小的典礼证，不仅见证了解放桥的兴建，更是宁波这座城市交通发展的见证物。

笔墨深含父子情

——1973年陈祖范手稿《隶辨漫纂》

陈祖范，原名绪章，号忞斋，别署继雅堂主人。1926年12月出生于上海，祖籍浙江鄞县（今海曙区古林镇）。古林镇为宋代广德湖废湖为田后形成，广德湖又称莺脰湖，故其常常以"莺湖陈祖范"自署。

陈祖范出身于书香门第，其祖父陈仪（1787—1868），字馀山，清嘉庆十八年（1813）举人，历任安康、汉阴等地知县等职，博学能文，善诗，建有文则楼以藏书，原有藏书上万册，在宁波负有盛名。太平军打到浙江时，为保存这批藏书，文则楼旧藏全部送到了天一阁。陈祖范自幼受到庭训，精通文史哲，书法各体皆能，尤以一手隶书闻名上海滩。其隶书以汉碑为基础，参以陈曼生、王福庵等诸家笔法，又将篆法加入隶书中，融会贯通，使隶书的造型更加古拙，线条的变化更为丰富。其书法作品屡获嘉奖，1994年获国际文学艺术博览会特等奖，1998年获新加坡醒狮杯特等奖，1999年在世界美术家联合会、世界华人艺术大奖赛上两次获得金奖。曾任中国人才研究会艺术家一级学部委员、中国艺术研究院创作委员等职。被宋庆龄基金会、中国人才研究会授予"跨世纪艺术人才"称号，曾被评为全国百杰书画家。

此本《隶辨漫纂》为其手稿，起首有自序1页2面，正文12页24面，后页贴有附纸1页。整本手稿除附纸为手书复写外，其余各页均为宣纸蝴蝶装，毛笔书写。封面和封底覆以黄褐色纯色画报纸，用订书针简易订制而成。封面上贴有其自题的书名。整本手稿除落款处加盖名章

《隶辨漫纂》手稿

外，内页前后加盖有各类闲章5方，足见作者对这本册子的喜爱之情。关于此手稿的由来，作者在序文中自述，因其对今人所写隶书中所谓的蚕头雁尾颇觉轻佻，因此，其作隶书时，将篆意融入隶书中，"濂儿"依此方法学习，也颇有精进，为此抄写一本，以供"濂儿"揣摩学习，落款时间为1973年10月27日。

《隶辨漫篆》内页每面都画有方格，每面四行四列，共计16个字，每个字用黑墨汁以隶书书写，每字下用朱砂以行书注明所写文字。他的隶书一改常见隶书的蚕头雁尾，而是以篆意入笔，独具风韵，呈现的线条更显得凝练厚重，古朴之风扑面而来。其行书娴熟流畅、飘逸灵动。附页是抄录常用字简体字及与之相对应的繁字体或异体字，虽不是用毛笔书写，但对于熟练掌握毛笔书写由简体字转换为繁体字有一定的辅助作用。

自序中所称"濂儿"即为当代著名书法家、书法理论家和书法教育家，其子陈振濂。1966年夏，陈祖范鉴于学校无法开展正常教学活动，令年仅十岁的陈振濂辍学，由其亲授，并请老友应野平、申石伽等教其诗词书画，使其子没有荒废青春，1979年考入浙江美术学院（今中国美术学院），成为中国书法专业招收的首批硕士研究生，师从沙孟海、陆维钊、诸乐三等人。陈祖范不仅以书法闻名上海，也以教子有方闻名艺坛。

显然，这本手稿正是陈祖范为了其子陈振濂在家更好地学习书法，书写后供儿子揣摩学习之用。这本书稿不仅具有书法价值、史料价值，也深含着一位父亲对儿子的满心希望和深情厚意，因此，显得格外珍贵。

五十年前清水流
——1974年自来水安装票据

今天，使用自来水早已是习以为常的事，新建的楼房交付前也都预装好自来水。但上溯五十年前，对于宁波市民来讲，家里安装自来水是一件了不起的大事。

据《宁波市志》所载，新中国成立前，宁波曾在1926年和1934年创办自来水公司，但都以停业为结局。新中国成立后，1955年在江东四眼碶建成自来水厂，于次年8月建成供水。至1957年，总表用户380户，居民公用给水站95处。1962年江北水厂投产，1972年建南郊水厂。可见，到20世纪70年代初，宁波的自来水使用才刚刚起步。这一整套1974年我外公家安装自来水的相关票据，恰是早期宁波普通居民家安装自来水的实物依据。

我的外公家原在中山路与公园路（后改为镇明路）的交汇口东端，因"文化大革命"时，中山路称为东方红大街，因此，1974年时，外公家的门牌号还沿用着"东方红大街339号"。其位置相当于今天的市财政大楼转角前的马路上。外公家的一楼厨房里也有一个大水缸，但因为厨房是封闭式的，接不到雨水，所以全部生活用水依赖于去公用给水站买水。当时，离外公家不远的中山路与鼎新街口西侧有一个公用自来水站，每一分钱一担水。但我的舅舅、阿姨们或支边，或支农、或在外地，家庭主要劳动力都不在家。平常家里只有外公、外婆及小阿姨，因此只能定期请管理公用自来水的老头来帮我们挑水。除了支付水钱外，还要支付一笔高于水费3倍的挑水费。后来，这个挑水老头生病了，也就只能自己去挑水，而且每挑一次水，都要过两条马路，极不方便。当时宁波自来水管线并不十分完备，但公园路（后改称镇明路）自来水主管线正好位于外公家门前的人行道下，所以也为安装自来水提供了条件和便利。到了1974年，外公就准备申请在家里安装自来水。

1974年安装自来水时，宁波市自来水公司还没有成立，当时主管自来水安装的是自来水厂。

可以看到外公填写了一张"宁波市自来水厂用户报装任务查勘单"，在此单子上，对材料，以及材料由谁提供，管道走向都进行了明确的说明。

另有二张购买铜龙头和水表的发票，但购买人都不是我们家里人。据了解，当时正好有人原计划安装自来水，所以事先买了龙头，但后来因故没有安装，所以他把龙头转让给了我的外公，花费3.5元。另购入一只水表，计34.6元。

1974年10月22日，外公到宁波市自来水厂交付了自来水安装的预收工料费60元。

因外公家安装自来水时要从主管线接出小管子，而主管线在人行道下，这样势必在安装时，要挖开人行道进行施工。不仅将损坏人行道，而且能否开挖人行道还需征得公安局的同意。所以，就在外公去自来水厂交付押金时，还由自来水厂开出了"宁波市掘路敷设管线工程申请书"。票据上注有人行道水泥石板7块，以及面积2.1平方米，这应是安装工程中需要打开的人行道石板数和面积。从票据上市政工程处的签字可以看出，外公是在第二天去了宁波市建设局市政工程处，在交付11.55元的路面费后，市政工程处同意了开挖路面，还特意写上了意见"掘路时必须要注意行人安全"。10月24日，又去宁波市公安局交通队，市公安局交通队的意见栏中虽然同意施工，但同时提出了施工要求："必须在壹天内完工，并恢复路面，不得误时。"而且还对这"壹天"提出了时间限制："晚上（下午六时至次日早上六时前）。"从这些意见中，我们不难看出，当年安装自来水涉及多个部门，程序繁琐。但同时也让我们看到，当时行政部门对于意见栏填写得非常认真，不是简单的"同意"两字了事。

自来水自然顺利安装，但从10月29日的"宁波市自来水厂供水装置结帐清单"来看，此次安装自来水，共花费54.21元。1974年时，普通职工的一个月工资在30元左右，而此次安装自来水，加上之前外公自买的龙头和水表，以及因装自来水而交付的路面费，前后总计103.86元。这就相当于一个人三个多月的工资。因此，个人安装自来水，在当时是一件非常奢侈的大事。

在使用整整10年后的1984年，宁波中山路拓宽，外公家也列入被拆除红线之内。因宁波自来水公司于1979年4月19日成立，所以，就在拆除之前，市自来水公司对安装的自来水进行了拆表销户。为此，还在当时安装水表的结账清单上进行了记录："该户因道路拓宽，拆表销户，水表已于1984年12月20日退还用户。"至此，装了十年的自来水拆除。

据了解，1974年时，整个宁波市私人安装自来水还极少，正是由于外公家的特殊情况，加之当时城市中的自来水管网并不发达，而外公家又正好位于自来水主管线旁，安装自来水不必铺设较长的管线，这一便利也使得我外公家在1974年就申请登记安装自来水，成为宁波市自来水公司成立之前的自来水用户，也是宁波最早一批安装自来水的家庭之一。外公所保存下来的这一整套票据较为完整，而且票据上

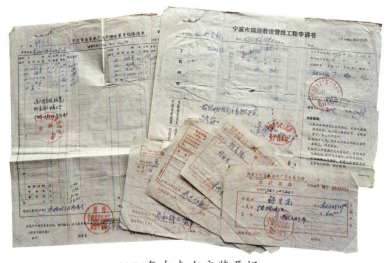

1974年自来水安装票据

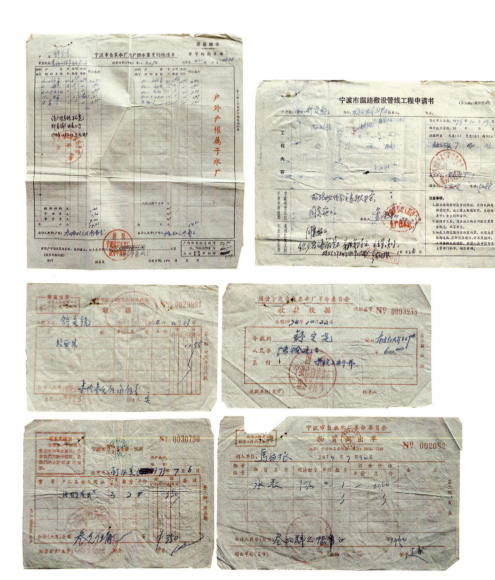

1974年自来水安装票据

还印有具有时代特征的符号,是宁波城市公用事业建设发展的历史见证物,具有重要的档案和史料价值。

附:相关票据一览表

1.宁波市自来水厂用户报装任务查勘单。铅笔手填,并绘制安装简图。

2.1973年7月6日,宁波市集体工业企业统一发票,旧铜龙头,3.5元,盖"宁波市江东区革命委员会生产指挥部仓库专用章"。

3.1974年7月30日,宁波市自来水厂革命委员会物资调出单,水表,34.6元。盖"宁波市自来水厂财务专用章"。

4.1974年10月22日,国营宁波市自来水厂革命委员会收款收据,预收工料费,60元。盖"国营宁波市自来水厂业务专用章"。

5.1974年10月23日,宁波市市政工程处革命委员会收据,路面费发票,11.55元。盖"宁波市市政工程处财会总务股"。

6.宁波市掘路敷设管线工程申请书,第三联:代许可证。含工程图纸,市建设局市政处、市公安局交通队的意见栏。人行道水泥地板7块费用。盖"宁波市市政工程队生产技术股""宁波市公安局交通中队""宁波市自来水厂革命委员会业务专用章"。

7.1974年10月29日,宁波市自来水厂供水装置结账清单,第三联。盖"国营宁波市自来水厂业务专用章"。另写有1984年12月10日退还水表记录,盖"宁波市自来水公司营业部"。

便捷裁剪新方法

——1980年《D式裁剪》

　　在服装裁剪中，服装的其他部位都可以通过测量人体的相应部位得到数据，再以一定的比例分配定点划线，而衣片中袖孔和袖子的定点划线尺寸则无法通过测量人体来得到，也没有一个统一的比例分配公式。因此，对衣片的袖孔和袖子的定点绘画被视作服装裁剪中最困难之处。这一裁剪难题最终被戴永甫突破了。戴永甫为原海曙区古林戴家村人，即今天宁波栎社机场内。他13岁从宁波到上海，在一家西服店做学徒，后在南京开设成衣铺。1952年，创办永甫服装裁剪专修班，有着丰富的服装制作经验。20世纪70年代中期，他在长期实际操作、调查、测量、验算的基础上，反复研究人体的纵横向生长规律，根据四季服装所用衣料的不同厚度，分析服装内外层次的穿着关系，经过综合分析后，找出了带有一定规律性的数据，并通过五年的无数次实践，于20世纪70年代末创立出一套较为科学又易学易懂的服装裁剪方法。因此方法用半胸围的尺寸加服装内外层的增值来确定袖系制图基数，并将袖系基数简称为"D"，以"D"为基础来算各部位的数值，得到公式，由此来控制袖子和袖孔的大小，因此称为"D式裁剪法"。这也是中国第一次用数理关系来解释服装结构的裁剪方法。

　　早期的裁缝大多受中式服装裁剪方法的影响，以各种服装的中心号型各部位尺寸为标准，依胸围加一寸或减一寸，各部位也增加或减少一个数值，这就是20世纪50年代以前普遍流行的加减法。之后，长

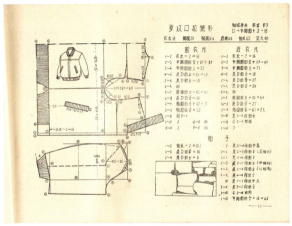

戴永甫创立的D式裁剪法

袍马褂退出了历史舞台，中山装、军服等新式服装成为流行趋势，为了更广泛地推广和普及裁剪技艺，老一辈服装师傅集中开始研究服装裁剪各部位之间的关系。最后以日本流行的胸度法和加减法为基础，以成衣胸围为基数创造了新的服装裁剪方法，即比例分配法。

比例分配法在服装裁剪制图时，先确定前后衣片的胸围尺寸，再除去胸宽和背宽的尺寸，余下的作为袖孔的宽度，袖孔的深度则是和肩斜一起计算，这样的方法会影响袖孔制图的稳定性，大小不一，则缝合困难。而D式裁剪法是先确定袖孔的深度和宽度，再作其他部位的服装裁剪制图，这就保证了袖孔制图的相对稳定，使其大小恰好同步，能准确缝合。这一裁剪新方法精准度较高，初学者更容易掌握传统服装裁剪，填补了服装史上的这一空白。戴永甫将他创立的D式裁剪法在上海地区推广介绍后，立即引起了社会的普遍关注，许多省、市报纸争相报道。1984年1月，介绍此种裁剪法的《服装裁剪新法——D式裁剪》一书由安徽科学技术出版社出版发行，供不应求，曾多次重印。1984年2月，《文汇报》刊出了《一本值得注意的专著》，其中称誉"D式裁剪法"是"提供了国际上从未有过的服装结构的准确的函数关系，是目前唯一有理论根据的科学裁剪新方法"。

戴永甫创立的"D式裁剪法"在中国服装史上占有举足轻重的地位，这本介绍此方法的《D式裁剪》是1980年11月，由上海市总工会长宁区工人俱乐部印制的非正式出版物，这一时间比1984年第一本正式出版介绍"D式裁剪法"的《服装裁剪新法——D式裁剪》还要早四年。

此册子的末页粘着一张戴永甫手写的实寄封，是寄给时任江西省服装鞋帽研究所服装设计师傅国华同志的，与此书封面笔迹内容相较后不难看出，此书是戴永甫在创立D式裁剪法后，于上海地区推广时所印制，并由其寄赠给同行傅国华。傅国华收到后，特意剪下当时的信封，将其粘在此书最后一页，这也使此书更具有特殊的收藏价值。

气象万千方寸间

——1981年周节之"清极不知寒"印

周节之先生与其弟弟周律之合称"二周",他们两兄弟出生于艺术之家,以书法、篆刻见长,在宁波可谓无人不知,无人不晓,尤其是周节之先生,更是名震浙东。

著名书法家葛夷之曾写道:"吾甬治印者,以吾眼中所许仅沙孟海文若、吴公阜泽二人……后起领袖惟礼予一人矣。"礼予即周节之(1920—2008),原名礼予,字节之,六十后以字行,室名息柯簃,因号息柯,晚号雪柯。为西泠印社社员,中国书法家协会会员。

周节之祖父周澄在清光绪四年(1878)创设翰墨林,以雕刻书版、印刷书籍、勾勒碑志、书法篆刻为业,因其本身有书法篆刻功底,刻书以字体工整著称,所刻碑志更接近于原稿神韵,翰墨林在当时宁波颇为有名。周节之便出身于此书香门第,幼承家学,18岁起专业从事书法、篆刻艺术,为翰墨林印社第三代传人。1938年,书法家葛夷之先生造访翰墨林,因其与周节之家父有私交,周节之时时往顾,请益问教。1946年,沙孟海回乡时,周节之闻读前往求教,沙老对这位小同乡颇为看好,指点其要转益多师,取各家之长,自辟蹊径。

周节之的篆刻不以奇巧取胜,不以媚俗取乐于人,走的是一条秦汉之道,他曾自作诗句"雕虫三十载,学古石成山"。从中可见他对秦汉古玺有着刻苦的临习和深入体会,金石学家马承源先生称"他的篆刻有着深厚的秦汉篆刻根蒂,作品中融入了西泠诸家之长,但不拘泥

"清极不知寒"印

于一家，融和锻炼，于端庄淳朴的形貌中呈现出清丽蕴藉的印风"。沙孟海在其《沙村印话》中也写道："吾县摹印之士，今日为盛。赵叔孺、马叔平二先生年辈较先，赵先生兄子蕙庵天贶、吴公阜泽、朱百行义方、张千里辟方、周节之礼皆致时誉。"1946年，周节之参加浙江省龙渊印社。1957年，加入上海中国金石篆刻研究社，与钱瘦铁、邓散木等名家一起合作刊刻《鲁迅笔名印谱》。

周节之也是一位有气节的篆刻家，1945年，周节之特意创作了一套《岳武穆满江红词篆刻》，并将其悬挂在自己的店铺中，以艺术作品表达恢复河山之志，给尚处在沦陷时期的宁波民众带来了民族气节和信念。新中国成立10周年、20周年、30周年、40周年时，他分别创作了"中华人民共和国万岁""祖国万岁""腾飞中华"等印。1966年我国核导弹发射成功后，他创作了"独立自主"印，1970年我国成功发射第一颗人造地球卫星后，他创作了"自力更生"印等。在他的篆刻作品中，我们可以找到很多讴歌祖国、讴歌时代的作品，其也体现了周节之的爱国情结。

1998年9月，时值周节之先生80华诞，在浙江省、宁波市书协的倡导下，《周节之印存》由宁波出版社正式出版，书中汇集了先生的历年佳作，不同作品，气象万千，其中第52页就有这方朱文不规则形印，所刻为"清极不知寒"五字，节选自唐代诗人崔道融《梅花》一诗中"香中别有韵，清极不知寒"，其边款为"唐崔道融咏梅诗句，一九八一年，节之"。此印运刀遒劲，篆势架构稳重，线条姿态万千，纤细中不失骨力，作品如梅花暗发幽香，给人以清新自然之感，当为其一方佳作。

千年地宫满眼宝

——1982年天封塔地宫原版照片

天封塔，位于宁波市海曙区大沙泥街与开明街的交汇口。始建于唐代，1000余年来，雄立于四明大地，至20世纪90年代之前，一直是宁波城内最高的建筑物，是宁波城市标志的不二之选。历来被视为宁波的第一景，凡来宁波的文人墨客、高官政要，无不拾阶而登，凭栏远眺，相互唱和。天封塔几度兴废，现存建筑为1987年重建，地上为七明六暗，加之地下一层，实为七明七暗六角仿宋式楼阁式塔，飞檐翘角，秀美挺拔。

1982年，宁波市规划设计院对天封塔基础进行勘探时，在天封塔的首层地面正中之下，发现了地宫建筑，立即向市文物管理委员会进行了报告，市文物管理委员会对此展开了考古，从而发现了一个保存非常完好的南宋时期地宫。

天封塔的地宫位于天封塔第一层中心部位石板以下约2米处，经考古清理，石板至地宫盖板间，覆盖着土层、夯土层、黏土层、碎瓦层、砖砌层五层。其下是地宫，整个地宫建筑由内外两个石函组成，外石函由六块厚石板拼合而成，外石函内是一个内石函，两个石函间堆放着大量铜钱。内石函由函盖和函身相成，平面基本呈正方形。函盖和函身大小相仿，分别由两块石头凿刻而成，口沿部均有企口，可以相合。函身四周雕刻着四大天王。函盖顶部刻有题记，共21行，满行20字。从这段题记中可知，天封塔地宫的石函是由当时居住在"都税务前

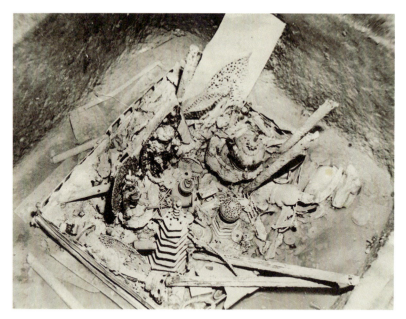

天封塔的地宫

界生姜桥西"的赵允和他的妻子李氏四娘等一家捐造的，并制造了"浑银地宫"、雕镂阿弥陀佛、观世音菩萨、大势至菩萨等西方三圣像和阿难、迦叶，共五尊像，又施舍了绢五匹。这段铭文正是捐献人赵允撰写的，其年代为南宋绍兴十四年（1144）三月。此铭文与史书记载的天封塔在宋建炎四年（1130）正月十六金兵占领宁波后被烧毁，后在绍兴十四年进行重修，在时间上是吻合的。

地宫内石函函盖被吊起后，800多年前的地宫首次展现在世人的面前，其出土器物之多，文物之精美，文物级别之高，为宁波历年考古所少有。

地宫中部是一个大屋顶，檐下悬有一块华带牌，上刻"天封塔地宫殿"六字。证实了这就是石函铭文中提到的赵允一家捐舍的"浑银地宫"的屋顶。石函底部不知哪里来的水，导致地宫模型的墙、柱、门等构件倒塌，后由文物部门修复。地宫殿是一座纯银打造的面阔三开间、进深两间的单檐歇山顶建筑，地宫殿由须弥座台基承托，四周有栏杆，栏杆由栏板和望柱组成，并全部由银片镌刻而成。屋面为九脊歇山顶，正脊两端各置有一对鱼化龙形鸱吻，中间置一火焰宝珠。垂脊末端置盾牌形鬼面瓦。戗脊上的小兽最为特别，我们常见都是清代小兽的规制，依次有仙人骑兽、龙、凤、狮子、天马、海马等，这个银殿戗脊上仅有三个高两厘米的小兽。从外到里，分别是鱼、狮子、马。每个小兽或作仰首状，或为倒立状，形象生动。据称，在戗脊上有类似三个小兽的浙江省仅有两例，天封塔地宫殿即为一例。后来，天封塔复原重建时，建筑檐角部位特意根据地宫殿的式样进行了复原。地宫殿的正间为抬梁式，两侧次间为穿斗式梁架，因此共用柱子十根，以木料为内芯，外包银片，通体在银片上凿出龙纹和荷花纹，两侧山墙上各凿有两块幡幢，上覆盖荷叶，下有荷花承托，中间镌刻有铭文。整座地宫殿刻工精湛，做工精细，写实性强，其造型和纹饰都再现了南宋时期的建筑和装饰风格，曾作为中国文物精品，在日本京都举办的世界历史都市博览会上展出。

考古人员取走天封塔地宫殿的九脊大屋顶及抽完积水后，里面的文物全部呈现出来，这张照片正是当时函盖被吊起后所拍摄的，记录了地宫中最原始的状态。从照片中可以看到很多文物因地宫殿梁架腐朽倒塌而东倒西歪的样子，照片上部还立着几根地宫殿中的柱子。照片左侧是地宫殿里供奉的西方三圣佛像，中轴线上还能看到绿琉璃香料瓶、纯银香薰。这个香料瓶一点没有合缝的痕迹，可见当时制作技术的精湛。后来，考古人员打开瓶盖时，香料经过近1000年，依然散发着香味，可见其密封程度之高。殿内两侧分别是纯银天封塔模型和纯银香薰。此次考古，从天封塔地宫中清理出来金、银、铜、铁、石、木、玉、瓷器、水晶、贝壳、玻璃、螺钿、玛瑙、珠、砖等不同材质的器物140多件，有金造像、铜佛像、石造像、铁造像、银薰炉、银碗、银铲、银匙、银镯、银花、银牌、银条、银钩、银钱、银吊幡、铜镜、铜钹、铜锣、铜磬、珍珠、玉环、玉饰、车渠、水晶珠、铜象棋子等。除铁质造像和木珠等因长期浸于水中全部腐朽，拿起即碎，无法保存外，其余都取出加以单独保护。这批文物中，当时被列为国家一级文物的有10件。

1986年，宁波市政府出资在原址重建天封塔，此石函仍被置于原塔相同位置。地宫中出土的文物已经成为宁波博物馆的重要藏品。

　　天封塔地宫考古因出土大量高等级南宋文物，无可厚非地成为宁波历史上非常值得铭记的一次重要考古发现，而这张照片正是在天封塔地宫考古时拍摄，一眼千年，让我们看到了南宋时期最原始的地宫全貌，因此，极具史料价值。其曾随其他考古资料因一次失误被当作废纸出售而流向市场，当年及时在市场上被发现并购入，让它留在宁波，也是不幸中的万幸。

小小影票忆百年

——1982年东风电影院电影票

2013年，浙江省商务厅授予宁波的民光影城"浙江老字号"称号，这也是当时全省唯一一家拥有这一称号的电影院。

民光影城位于海曙区开明街，紧邻天一广场，其历史可以追溯到民国时期的民光大戏院。戏院由宁波商人李济民出资创办，始建于1926年，于1931年2月17日开业，分正厅和月楼，有座位1014个，开业时，还专门邀请来徽班作首场演出。1933年起，民光大戏院开始正式放映电影，每天播放三场，下午一场，晚上两场。每次正式放映前，还会播放一段加片，或是广告、或是政府通知、或是启事等内容，内容信息量大，受到市民喜爱，是当时宁波最有实力、设施最好的电影放映场所。

日军占领宁波后，民光大戏院由伪中华电影服务公司管理。1945年，日军投降后，戏院由国民党中宣部电影服务处接收，改名为民光电影院。1947年归还原主人。1954年，民光电影院改为公私合营，两年后，改为国有。1980年，民光自建了一幢五层楼房，在当时已经算是摩天大楼了，极具广告效应。当时文化活动少，看电影成为时尚，位于市中心地段的民光成为首选，尤其受到民众喜爱，民光电影院经常出现一票难求的盛况，成为一代人的美好记忆。1992年，旧城改造时，民光电影院在原址拆除重建，1996年9月28日，重新开业的民光更名为民光影城，沿用至今。重建后的民光，引入多厅影院模式，创宁波先河，一度票房位居宁波各大影院之首。2002年起，时代电影大世界等一批外来影院品牌相继入驻宁波，硬件设施落后、同行的竞争等不利因素，给有着近百年历史的民光带来了巨大压力。民光影城在2006年、2010年多次对影院内外场景和放映设施等硬件设备进行调整更新，现在拥有放映厅6个，可容纳650人同时观影，放映厅内配备了最新数字电影放映设备和数字3D立体设备，属于全国首轮电影供片单位，适应播放各类要求的新影片，可以实现与全国各大影院同步上映，走过近百年历史的民光正昂首阔步走向下一个百年。

这是两张民光电影院旧电影票，其中一张票面的一角可以看到盖有"82年"的蓝色字样。"文化大革命"中，宁波的各大道路、桥梁、影院相继改名，民光电影院也改名为东风电影院，1979年恢复旧名。从票面上的"东风电影院"称谓可以看出，这张电影票是在"文化大革命"期间印制的。可能当时电影票印制较多，电影院又不忍废弃，因此，在1982年仍在使用旧票。

小小的电影票，有着鲜明的时代特色，也承载着宁波近百年影院民光的过往。

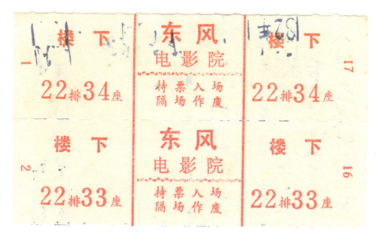

东风电影院电影票

比德于玉真先生

——1984年王永嘉"君子比德于玉"印

1984年5月30至6月5日，第一届"中国周易学术讨论会"在武汉召开。会议邀请了来自国内外各高校的教授、学者150余人参加，王永嘉也参加了这一会议。1988年济南国际周易研讨会所邀请的名单中，也有宁波的王永嘉。此印正是王永嘉参加首次全国周易会议期间所刻，昌化石材质，其边款刻有"周易研究会纪念，八四年六月，浙江王永嘉刻"，所刻内容为"君子比德于玉"，选自《礼记·聘义》，用玉的温润来象征人的德行。

王永嘉（1923—2004），别号壶斋，慈溪县（今江北区慈城镇）黄山村人。毕业于无锡国学专修学校，后任宁波市机关干部学校教师，遂定居海曙区孝闻街。曾为中国哲学学会会员、宁波诗社社员、浙江省书法家协会会员、宁波市书法家协会名誉理事、宁波市书法家协会篆刻创作委员会顾问等。

王永嘉弱冠即好金石古物，善书法篆刻，一生不逐名利，以艺自娱，以学促行。早年，王永嘉篆刻就已名声在外。1956年，张鲁庵在上海发起组织中国金石篆刻研究社，社中名家汇集，而宁波仅邀请王永嘉和周节之两位先生参加。王永嘉精通文字学，涉猎广泛，甚至从古钱币的文字中追溯古代文字的源流，也擅长从金石文字中吸取营养。他渊博的学识使其篆刻字法、章法变化灵活，作品往往别有奇趣。行刀主张利刃冲切，如同快刀切菜，干净利落，名其曰"落刀鲜"。所刻

"君子比德于玉" 印章

文字线条挺劲，古朴雅致，具有金石之气，秦汉遗风。曾两次刻《水浒传一百零八将姓名印》，每人一方，每方多为一厘米见方小印，以汉法入印，各具风姿，十分精到，足见其篆刻功底。王永嘉一生爱好古玉、收藏古玉，不仅以玉比德，也以玉制印，晚年时，还能刻制比印石硬几倍的玉印，尤为难得。其一生治印无数，书法家沙孟海对其印也颇有赞许，曾欣然为其印谱题签《乐观楼印存》。

对于王永嘉而言，治印尚属小技，其更得意于对《周易》的研究。他偶尔读到这部书后，便为其着迷，经十年寒窗，摘下300万字卡片笔记，不仅发表了《〈周易〉作者考》《马王堆帛书〈周易〉卦文校证》等一系列有关《周易》的学术研究论文，还易稿15次，写成近20万字的专著《周易新解》。他用历史唯物主义和辩证法观点提出了自己对周易的看法和认识，对于让更多人了解这一我国文化遗产的瑰宝具有积极的意义。1988年，王永嘉受邀携此书参加了在济南举行的第二届全国周易研讨会，向大会介绍了此书，受到学术界的广泛关注和好评。

王永嘉博学而好闻，国学功力深厚，虽因各种原因不曾悬壶济世，但其自学中医，并考取了中医行业执照。平日喜收藏，善鉴定，登门求其掌眼者络绎不绝，也曾将自藏的宁波民国时期书法家张原炜先生手书长卷捐赠天一阁，内容为1933年北京图书馆来天一阁时公祭天一阁主人范钦一事，因此，长卷不仅具有书法艺术价值，也具有重要的文献价值。王永嘉善诗文，著有《壶斋诗文集》留世。

王永嘉一生钟情于中国古典文化，遨游在传统文化的海洋中，钻研学术，不断进取。在他身上延续着传统文人的风范。他也好美玉，常以"君子比德于玉"自勉，此印虽是其为纪念参加全国周易会议而刻，但看其内容，不正是对他最好的写照吗？

桃李满园书艺绝

——1986年丁乙卯信札

丁乙卯先生在宁波书法圈可谓无人不知无人不晓，其书法功力深厚、技艺超群、格调高古，一生甘为人梯，育人无数，在宁波现代书坛中写下了浓墨重彩的一笔。

丁乙卯（1915—2000），名逸，又名和寿，字乙卯，以字行，鄞县人。中国书法家协会会员。自幼酷爱书法，临池不辍，学书涉猎广泛，碑帖兼取。19岁时，就订下润格，以鬻书自养。宁波华盛顿钟表店曾请其写过大字招牌，其字结体沉稳，气势非凡，看到者无不称赞，一时名声大噪。丁乙卯早年的绘画曾刊登于报刊，虽偶尔作印，但造诣精深。书法更是穷其毕生精力深研，即便在"文化大革命"期间，书艺凋零，仅靠为人誊写蜡纸及典卖首饰维持家计，经济拮据，他也始终没有放弃书法，依然临池不辍。他对甲骨、金文、秦汉碑碣、晋唐法帖、历代名作，无一不临，无一不熟。早年以魏体见长，其学生，书法家洪民生曾评说："乙卯老师是写魏碑的高手，在魏碑艺海中曾下过很深功夫，他自创一格的魏碑体独具光彩。"他对真、草、篆、隶、行皆擅，其笔下均能对此化古而自出新意，各有风姿。所作金文，厚朴凝重，别有意韵。篆书出徐三庚，但其用笔劲秀，线条涩辣。行书洒脱自如，婀娜多姿。隶书最具个性，熔古铸今，集各家之长，碑帖交融，格调高古，浓墨重笔，如力能扛鼎，纵笔恣肆，如横扫千军。1947年10月，上海春明书店集历代名家诗词，出版过《星华小楷》字帖，全书请丁乙卯以正楷书写，蝇头小楷信手拈来，清新秀丽，别有意趣。

丁乙卯一生研习书法技艺，精益求精，耕耘不止，成就斐然。一生致力于书法教育，以学定教，以教促学。年轻时曾旅居上海，寓西藏路宁波旅沪同乡会内，与白蕉、马公愚、朱复戡等书法家过从甚密。当时的上海是全国书画名家汇集之地，强者如云，丁乙卯依旧在上海设馆授徒。1937年，创办丁氏书法专修社，后改名丁氏书法馆，其间学徒不绝，足见先生影响之大。其还多次应邀在广播电台主持书法教育讲座。曾在上海举办个人书法展。1947年，出版字帖《星华小楷》。一时蜚声沪上，桃李盈门，今沪上书法名家中亦有出其门馆者。

1958年"反右"运动开始后，丁乙卯被迫迁至安徽农村下放劳动。1961年，返乡回到鄞州区钟公庙村。1963年，丁氏书法馆在海曙区月湖南侧的一幢灰白色清末民国时期样式的民居内重新开馆授课。改革开放后，丁乙卯虽已年逾花甲，但看到书法艺术迎来了春天，出现了井喷式的发展，便不顾年老体弱，精神焕发，对继承和弘扬书法艺术矢志不渝，又重建丁氏书法馆，再次招生授艺，书馆每天门庭若市，三支街22号也成为宁波现代书法教育史上一处书法爱好者的摇篮。为了更广泛地满足书法爱好者的艺术追求，他还兼任文化站的书法教学工作，每周两次坐在自行车后座上，由门生推扶着到文化站上课，为宁波的书法事业发展可谓费尽心血，也开创了宁波大课堂式书法教育的先河。丁乙卯致力于书法教育60多年，经验丰富，深入浅出，因材施教，强调首要打好基础，持之以恒，不可急于求成，只有博学勤练，方可继承中出新。其门下更是桃李满园，原宁波市书法家协会主席陈启元、副主席李兴祥等皆出其门，其学生中加入省、市、县各级书法家协会的更是不胜枚举。1989年，旧城改造，三支街被拆，丁氏书法馆迁址于冷静街口的蒋氏巷6号，继续设馆施教。

原中央电视台副台长洪民生也是先生的早期门生，他在《书艺播种人——丁乙卯老师》一文中写道："乙卯老师是德高望重的老书法篆刻家，是书法艺术的播种人，整整半个多世纪奉献给了书法教育，以他独具匠心的方法，真挚的书品人品引导成千后辈热爱书法艺术。"

丁乙卯先生不仅以其自成一路的书法艺术在宁波书法史上占有一

席之地，也以其为推动宁波书法发展的教育事业贡献巨大而名闻宁波。

　　这是一封1986年12月29日丁乙卯写给上海《书法》杂志编辑赵志刚的回信，从信中内容可以看出，此前赵志刚曾来信向丁乙卯先生求书法作品，先生赠送其书法一件，并附了这封回复。信虽是以当时常用的圆珠笔所写，属于硬笔书法，但字体开张大气，刚健苍劲，有着鲜明的丁氏风格，颇具保存价值。

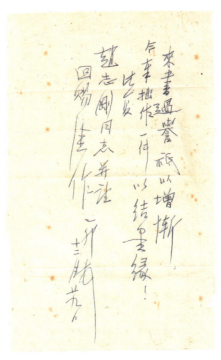

1986年12月29日丁乙卯写给上海
《书法》杂志编辑赵志刚的回信

方寸之间写春秋

——1989年孙传哲实寄封

在海曙区莲桥街的南侧，有一处特别的房屋，它是民国时期著名私家藏书楼蜗寄庐的旧址，也是新中国邮票设计事业的开拓者，有"中国邮票设计之父"之称的孙传哲的故居。2021年9月25日，故居经重新整修后，辟为孙传哲邮票艺术馆对公众免费开放，展厅内不仅全面展示孙传哲先生的邮票设计艺术成就，还展现蜗寄庐曾经丰富的善木藏书，是一处宣传宁波文化的对外窗口，对于推动中国邮票设计事业发展有一定影响。

孙氏祖籍慈溪，清中期迁到宁波城内，孙传哲（1915—1995）父亲孙家淮（1879—1945），字翔熊，为清末秀才。酷爱藏书，在天封塔南购地修房，省吃俭用蓄起一房图书，取藏书楼名为蜗寄庐，所藏书以善本为主，也有不少徐氏烟屿楼、范氏天一阁等散失民间的珍本。孙传哲便诞生在书香浓郁的家庭中，他自幼爱好绘画，临习《芥子园画谱》《凌烟阁功臣像》等画谱，笔耕不止，中学毕业考入上海美术专科学校，师从潘天寿、倪贻德、傅雷等名师。之后又进入南京中央大学艺术系深造，师从绘画大师徐悲鸿、潘玉良等名师。美术学校的专业学习，使其打下了坚实的美术基础。

1948年，孙传哲首次承担一套四枚国营招商局创办75周年纪念邮票的设计，从此，与邮票结缘。次年，进入民国交通部邮政总局所辖的驻沪供应处任专职邮票设计员，从事邮票专业设计工作。1949年，计划发行《庆祝中国人民政治协商会议第一届全体会议》纪念邮票，但设计稿拿到上海后，印刷厂无法印刷，就请孙传哲重新改稿，新中国第一套纪念邮票由此诞生，孙传哲也从上海调到北京，成为新中国第一位邮票设计家，开始了其长达40多年的邮票设计生涯，成为迄今为止设计邮票数量最多的设计师。

孙传哲的画笔下还诞生了新中国的第一套特种邮票、第一套普通邮票、第一套航空邮票、第一套欠资邮票，他先后设计了150余套邮票及邮资封片，其设计的《开国纪念》《金鱼》《黄山》《梅兰芳舞台艺术》《金丝猴》《苏州园林——留园》《台湾风光》等邮票设计精美，具有浓郁的民族风格，方寸之间尽显祖国大好河山、风土人情，是新中国邮票艺术中的珍品，深受集邮者喜爱。1980年，"建国三十年最佳邮票评选"活动中，孙传哲设计的邮票有十一套中选，占全部中选最佳邮票的三分之一以上。

孙传哲设计的邮票在国际上也享有盛誉。1981年，在奥地利举行的WIPA国际邮票展览会上，孙传哲获荣誉证书。经邮电部推荐，先后为联合国邮政总局设计了世界人口年邮票、海洋安全年邮票、和平与发展等主题邮票。1985年，受联合国国际和平大会邀请，代表中国参加1986年国际和平年设计宣传画活动，荣获三等奖。

1989年10月22日至29日，南京市集邮协会、南京市邮票公司联合举办"中国邮票设计家孙传哲邮票绘画作品展览"，这枚实寄封正是展览开幕当天，孙传哲亲笔写给无锡市邮票公司汪永霖的实寄封，其所用信封是孙传哲为此次展览设计的纪念封，所贴邮票是孙传哲设计的苏州拙政园特种邮票，销邮展当天日戳，因此，此封极具史料价值和纪念意义。

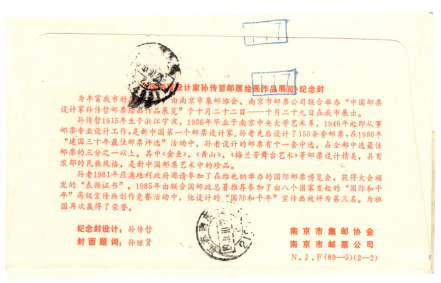

《中国邮票设计家孙传哲邮票绘画作品展览》纪念封

坚守原址老字号

　　宁式糕点是浙江宁波一带的传统名点，历史悠久，为全国糕点十二大派系之一。宁式糕点选料讲究，营养丰富，加工精细，造型别致，形成"以酥为主，酥、软、脆分明"的特点，其品种分为燥糕类、潮糕类、糖伙类、油虾类、蛋糕类、桃酥类、酥饼类、月饼类等。除颇具特色的苔生片、苔菜千层酥、苔菜月饼等外，还有松脆香甜的多孔"三北"藕丝糖、色泽黄亮的洋铁饼、片薄松脆的粉麻片、松软可口的松花黄"大有"蛋糕、浓郁黄豆香的豆酥糖等。

　　据史料记载，清咸丰元年（1851），时任宁波知府的华少湖创建了昇阳泰，取意"日升三阳而开泰"，寓意兴旺平安。昇阳泰在经营上以"前店后厂"形式现做现卖，经营的宁式月饼、水绿豆糕、千层酥、玉荷酥、苔生片、太史饼、八宝年糕、水晶油包、胡桃茯苓糕、麻生糕、龙凤金团等，深受百姓喜爱。

　　在宁波的老字号中，昇阳泰是为数不多依然坚守原址的品牌。旧时店面曾以石库门、大木门为主，定位"宁波鼓楼前"的昇阳泰，曾被视为宁波的商业地标之一。1987年，昇阳泰在原址兴建六层大楼，总面积3500平方米，定名宁波昇阳泰商场。1992年，再次全面扩建装修。2001年9月，更名为昇阳泰宁波特产商场，专营昇阳泰特色糕点和特产商品。昇阳泰先后荣获"中华老字号""浙江老字号""宁波老字号"等荣誉称号。近些年，随着外来食品品牌泸溪河、乾隆酥院和新零食

1992年由宁波市人民银行批准、交通银行宁波分行代理发行的宁波市昇阳泰商场的500元债券

概念的涌入，昇阳泰的核心糕点业务出现了持续下滑态势，销量和利润均呈现负增长。这直接导致其经营日益萎缩，市场占有率也在逐步下降。宁波老字号企业协会会长张空认为，近年来，泸溪河、乾隆酥院等新势力以爆款单品迅速拓展市场，从一个侧面证明了传统糕点市场仍有很大的拓展空间。作为中华老字号、浙江老字号的宁式糕点品牌，具有品质优点和文化沉淀，如配以强有力的创新、营销和资本加持，是可以走出宁波、走向全国的。作为中华美食文化的重要组成部分之一，宁式糕点发展目标可以定得高一些，步伐走得扎实一些，抓住机遇，强化创新，不断推出爆品，赢得百姓认可，拓展更大的舞台。

2024年3月，鼓楼的昇阳泰大厦已完成大规模品牌改造升级。归零重启的昇阳泰，将以宁式特色糕点、特产展示为主打，融合传统与现代中式美学，重塑老字号的健康美食新形象。新店将新增设手工制作体验空间，重现"前店后坊"的传统工艺场景。另外，二楼将打造昇阳泰老字号博物馆，展示老字号文化内涵，传承非遗手工技艺，打造文创产品。

这是一枚1992年由宁波市人民银行批准、交通银行宁波分行代理发行的宁波市昇阳泰商场的500元债券，盖有法定代表人葛明华的印章。此企业债券期限三年，年利率10%，到期后由企业一次还本付息。此券见证了1987年昇阳泰兴建大楼定名为宁波市昇阳泰商店后，1992年发行债券，全面扩建装修，总面积达7000平方米，商场营业大楼设中央空调，双向自动扶梯，经营范围在原有的糕饼、糖果、烟酒等基础上，新增冷冻食品、百货、家电、服装、钟表等商品。

凌云展翅里程碑

——1993年港龙航空首航宁波典礼邀请书

这张邀请书看似普通，它却是宁波民航发展的重要见证物。

宁波早在民国时期就在庄桥、栎社分别建设机场，但仅够小型飞机起降。新中国成立后，栎社机场已经荒废，庄桥机场曾一度作为军民合用机场。随着改革开放的深入，宁波急需拥有一座适合城市发展的民用机场，1985年，经国务院、中央军委批准，重启栎社机场，立项改建为宁波民用机场。1990年6月30日，随着上海飞来的客机的降落，宁波栎社机场正式投入使用，这也是全省首座民用机场。1992年7月，国务院批准宁波栎社机场航空口岸正式对外开放。同年，宁波至香港直接航班开通。宁波与香港有着千丝万缕的联系，香港有大批的宁波商帮，宁波企业也常借助香港市场走向世界。自宁波和香港航线开通后，便捷的交通促进了两地的交往，探亲访友、经商考察的乘客使每周来往宁波和香港间四个往返航班班班爆满，飞机票一票难求。至次年5月，已运送中外旅客1.8万多人次。

宁波帮代表曹光彪和老乡包玉刚一起在1985年创建港龙航空有限公司，打破了香港航空由英资财团垄断的历史。为了促进家乡发展，经过多方努力协调，1993年6月11日下午2点20分，香港港龙航空有限公司所属的一架波音737型客机载着百余名乘客，自香港首航宁波，至此，港龙航空正式加入香港至宁波航线包机航班营运，成为首家宁波市承担民航航班的外籍航空公司，也是该公司继开通北京、上海、西

邀 請 書

李立中 *部委办龙阁书画院院长*

　　茲定於六月十一日下午二時在寧波櫟社機場舉行香港港龍航空首航寧波典禮，邀請貴單位 *七* 名領導參加。參加代表請於六月十一日中午十二時三十分在市政府大門口集中上車。除特許外，一律謝絕自備車輛進機場。

　　此 致

敬 禮

寧 波 市 人 民 政 府

香 港 港 龍 航 空 公 司

一九九三年六月 八 日

1993年港龙航空首航宁波典礼邀请书

安等航线后的第14个城市。

港龙航空加入后，每周五、周日各飞一个香港到宁波的往返航班，由载客126人的波音737型客机承运，使宁波到香港的空中航班由每周四个往返航班增至每周六个。不仅给两地人民交往带来方便，也间接带动了海外对宁波的投资热情，促进了宁波的经济建设。

2005年11月29日，宁波栎社机场更名为宁波栎社国际机场。2006年4月22日，东方航空公司空客A320型客机由宁波直飞韩国首尔国际机场，这是宁波栎社机场升格为国际机场后开通的首条定期国际航线。今天，宁波机场已经通行近40年，从一个停机坪只能停一架小型飞机的小航站，到4E级国际机场和国家级临空经济示范区，宁波机场从无到有，常年通航国内69个城市及香港地区、澳门地区，每周有开往新加坡，泰国曼谷，日本东京、大阪，韩国济州，匈牙利布达佩斯等10个城市的国际航班。2018年，宁波机场年旅客运输量首次突破千万人次，跻身国际大型繁忙机场行列。2019年，宁波机场三期扩建工程投入使用。2021年12月30日，宁波机场进离场分离飞行程序正式运行，机场运行正式迈入"双通道"时代。宁波机场在39年里，实现了从雏鹰起步到凌云展翅的蝶变历程，架起了联通国内、国际的空中桥梁，为宁波经济飞速发展注入了强劲的动力。

纵观宁波机场的发展史，港龙航空首航宁波在宁波民航史上具有里程碑式的意义，当年的《宁波日报》更是在头版头条以"我市民航史上的一件大喜事"来称誉这一历史时刻。这张邀请书是由宁波市人民政府和港龙航空公司共同邀请受邀人到宁波机场参加首航典礼的，因此，具有特殊的史料价值。

千年古庙护宁波

——1994年宁波城隍庙实业股份有限公司股票

  宁波府城隍庙位于宁波海曙区县学街，它的历史可以追溯到五代后梁时期，梁贞明二年（916）刺史沈承业在明州子城西南五十步建城隍祠。至明洪武四年（1371）春，郡守张琪将其迁建于握兰坊元帝师殿旧址，即今县学街城隍庙址。此后屡废屡建，据史料推断，城隍庙包括照壁、门厅、仪门、前戏台、拜亭、大殿、后戏台、寝宫，组成前后"四进四天井二戏台左右厢殿"的建筑格局，建筑面积6000平方米，占地面积5333平方米。明洪武年间城隍文化鼎盛，全国城隍庙分为"都、府、州、县"四个等级，宁波的城隍庙为"府"级，正式名为宁波府城隍庙。这座城隍庙是浙江东部同类建筑中规模最大且保存最完整的一座。旧时，城隍庙不仅是百姓祈福求平安人气最旺的地方，也是一个集民间信仰和民俗文化为一体的公共活动场所。千余年来，它饱经风霜，见证了城市的兴衰变迁和市井人文的繁盛，以其特有的文化印记成为宁波城的重要历史遗迹。

  城，就是城墙；隍，本意是没有水的护城壕。城隍庙就是一座城市的守护神。城隍庙大殿金碧辉煌，正中位置是城隍老爷纪信的塑像。纪信，忠烈侯，汉代将军，赵人。曾参与鸿门宴，随刘邦起兵抗秦。由于身形及样貌恰似刘邦，在荥阳城危时，假扮刘邦，向西楚诈降，被俘，让真刘邦趁机逃跑。项羽见纪信忠心，有意招降，但纪信拒绝，最终被项羽用火刑处决。刘邦战胜项羽后，建都长安，在庆功会上想

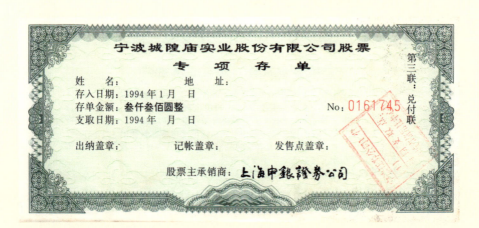

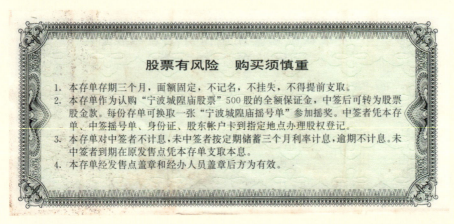

　　1994年由上海申银证券公司发行的宁波城隍庙实业股份有限公司的股票

起了纪信的功劳，封他为督城隍，把他的骨灰送家乡安葬，并建庙塑像，永远享受香火。后来，刘邦下令各地建造城隍庙奉祀纪信，除了宁波、镇江、宁国等地也有祭祀纪信的传统。汉代以来，凡有城池的地方都有城隍庙。大殿两侧是文武判官，东侧是文判官魏徵，西侧是武判官钟馗。除此之外，殿内还有值日、值月、值年、值时四大功曹。宁波城隍庙各殿宇的细节非常讲究，木雕方面尤其精细，彩绘门神是一绝。城隍庙内还有个娘娘殿，"娘娘"就是城隍夫人，传说城隍夫人有求必应，求子尤其灵验，这虽然只是一种传说，但在过去，一度也给当地老百姓带来一定的精神寄托。城隍夫人左侧是城隍，他们端坐的暖阁结合龙凤、牡丹等传统纹样，外表镀一层金色，看起来特别贵气，据说这座殿宇是清代知府孙诏捐出俸禄修建的。除了殿内，宁波城隍庙各走廊顶部也随处可见金漆木雕，红白金三色相间，特别大气。城隍庙里还有一座慈航殿，供奉的是慈航道人，传说她是保一方平安的神仙。慈航殿群雕像是宁波城隍庙一绝，这片群雕像融合了山水元素，艺术水准一流。

　　这是一张1994年由上海申银证券公司发行的宁波城隍庙实业股份有限公司的股票。宁波城隍庙于2018年10月开始修缮，后又进行塑像及配套展陈，于2020年6月27日正式开放。现在的宁波府城隍庙建筑整体气势恢宏，采用大量宁波本地国家级非物质文化遗产工艺，深藏宁波风俗和工艺美术的底色，见证了宁波城市的发展和市井人文的繁盛，是宁波最具有生命力和烟火气的文化地标。"一庙护一城，一城伴一庙"，宁波府城隍庙见证了宁波城市的发展变迁。

宁波老牌五星级
——1994年宁波南苑股份有限公司企业债券

在宁波海曙区灵桥路与立交路交汇处,长春门长春庵遗址对街,有一家饭店,它是宁波人口中的"老南苑",也是浙江省首家五星级饭店——宁波南苑饭店。它坐落于市中心最繁华商圈,距离天一广场约2千米,毗邻拥有宁波"第二老外滩"之称的月湖盛园,于1990年1月1日正式开业。作为在浙江省首家荣膺"国际五星钻石奖"、宁波市首家入围"中国饭店金星奖"的饭店,宁波南苑饭店先后接待了越南共产党前中央总书记农德孟、塞内加尔前总理马基萨勒、国民党荣誉主席连战、越南政府前总理阮晋勇等国际政要人士,还成功承办历年宁波国际服装节、甬港合作经济论坛、东亚合作论坛、第二届中国金星奖颁奖典礼等大型、高规格的会议,受到业内外人士的一致好评。

南苑饭店现有豪华套房、商务房、标准房等各种类型客房438间/套,房内主要辅助设施有全景式玻璃窗、独立淋浴房、感应式电子门锁、直接饮用水系统、私人保险柜、电脑水温控制系统、国际互联网络,另有大型康体设施和娱乐中心。凭借以"满意+惊喜"为特色的优质服务和中西文化相结合的现代经管理念,南苑饭店始终坚持以"成为中国民族业优秀品牌"为目标,数十年磨砺,以力求完美的服务标准展示成熟酒店的独特魅力。

南苑饭店以一流的硬件设施和卓越的服务水准,引领着宁波乃至浙江地区酒店业的风骚。作为浙江省内五星级酒店的代表,其一直奉

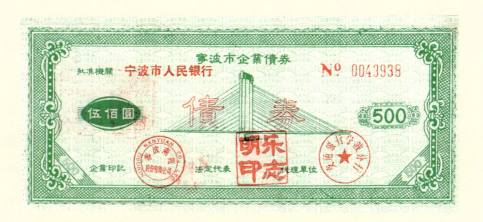

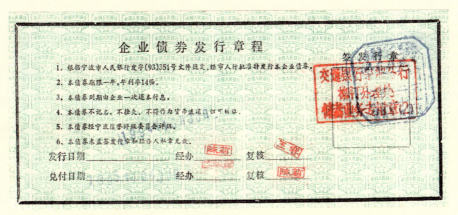

1994年由宁波市人民银行批准、交通银行宁波分行
代理、宁波南苑股份有限公司发行的企业债券500元

行"服务创造价值，品质铸就经典"的理念。尤其是它的服务特色，备受人们称赞。南苑的创意服务"机场直通车"，为乘机的住店客人提供意想不到的方便与快捷，住店客人可以享受免费代办行李托运、领取航班登机牌等便捷服务，同时可免费搭乘机场班车和享受机场贵宾室候机礼遇；南苑提供专职管家服务，凡入住南苑饭店商务楼的宾客均可享受细意浓情和体贴入微的专职管家服务，每次入住更愉快更舒适；南苑提供金钥匙服务，为宾客解决在饭店内外遇到的任何困难和问题；南苑提供快捷离店服务，只要是常客或贵宾俱乐部的会员都可以享受此项专门为客户节约宝贵时间的服务；南苑还提供贵宾俱乐部服务，专为常客设计了更具个性化的服务项目和积分奖励回馈计划，给客户更多优惠和惊喜。

　　这是一张1994年由宁波市人民银行批准、交通银行宁波分行代理、宁波南苑股份有限公司发行的500元企业债券。宁波的金融创新全国领先，1986年、1989年、1992年，宁波市相继被国家列为金融体制改革试点城市、金融电子化试点城市和金融对外开放城市，1992年，宁波率先在全国发行信托投资受益证券。在此背景下，宁波南苑饭店积极响应，于1994年发行了宁波市企业债券，为自身的发展筹集资金，宁波老牌五星级酒店魅力依旧！

千年梁祝世纪情

——2000年第一届中国梁祝婚俗节纪念证书

千禧年元旦，一场盛大的彩车巡游活动将第一届中国梁祝婚俗节推向了高潮。此后，每两年一届的梁祝婚俗节成为宁波市三大旅游节庆之一，曾荣获"中国十大民俗类节庆"等称号。

梁山伯与祝英台的故事自东晋以来盛传不衰，与《孟姜女》《白蛇传》《牛郎织女》并称为我国古代四大民间爱情传说，被周总理誉为东方的"罗密欧与朱丽叶"。"梁祝传说"已被列入首批国家级非物质文化遗产名录。

全国有多个城市自称是梁祝故事的发源地，海曙区高桥镇的姚江边有全国唯一一处梁山伯墓遗迹，以及梁山伯庙等梁祝相关遗迹，在全国各处梁祝故事发源地中占有举足轻重的地位。自古以来，年轻人有去梁山伯庙求爱情幸福美满的风俗。民间更是流传着"若要夫妻同到老，梁山伯庙到一到"的谚语。1995年，在原有梁山伯墓和庙的基础上，宁波开工建设梁祝文化公园，于1999年初建成，是全国唯一一处集游览、休闲、娱乐等于一体的大型爱情主题公园。

新世纪来临之际，以新千年为背景、梁祝爱情为重点，鄞县人民政府和宁波市旅游局联合主办了第一届中国梁祝婚俗节，凭借梁祝千年情话，演绎永恒爱情主题，旨在通过"宁波梁祝"打响婚俗文化这一旅游品牌。数十家企业成为这次活动的合作商，或冠名各项子活动。活动从1999年12月29日开始到2000年1月9日结束，在北京和宁波两地

2000年第一届中国梁祝婚俗节礼券和纪念证书

共同举办，内容丰富，涵盖婚庆、婚典、游园等内容，有千禧梁祝情全球华人婚联大奖赛、《梁祝文化大观》首发式暨梁祝文化研究发布会、宁波摄影十佳作品展、"蝶之恋"大型游园活动、李元先生风光摄影展、梁祝文化研究中心揭牌仪式、婚俗节摄影大奖赛等系列子活动。其中两大婚庆大典最为热闹。其一为1999年12月29日在梁祝公园举办的"K牌百合婚庆大典"，邀请了政府要人、文化名人和来自全国的800对夫妇贺婚联欢，共同游园。其二是2000年元旦举行的"利群时尚玫瑰婚典梁祝情"，这也是第一届中国梁祝婚俗节上最重要的一项活动。活动邀请了来自全国各地和国际的99对新婚夫妇来宁波参加集体婚礼。2000年元旦早上，第一届中国梁祝婚俗节开幕式暨新千年婚典大巡游开游仪式在东门口举行，时任宁波市市长莅临现场并为新人证婚，随后彩车巡游活动开始，由舞龙、舞狮、威风锣鼓方队、各类新人花车等组成的彩车巡游队伍长达1千米，沿着中山路自东向西，浩浩荡荡直至梁祝公园。当地新闻媒体进行了现场直播，沿途约20万人在街头驻足观看，这是宁波有史以来规模最大的一次婚庆巡游活动。当天下午，这99对新婚夫妇在梁祝公园内举行了盛大的集体婚礼，每对新人还在公园里种下了象征爱情长久的树木。

这份纪念证书是颁发给第一届中国梁祝婚俗节活动中，参加2000年元旦利群时尚玫瑰婚典的新人。虽然这份证书距今仅有20多年，但至今仍能留在宁波的这份纪念证书并不多见，它不仅是新人参加梁祝集体婚礼的见证，更是宁波举办全国性梁祝婚俗节的见证。

后　记

　　档案作为文化的一种载体，凝聚着历史文化积淀的成果，对一个国家、民族的文化发展具有重大意义，在社会发展中发挥着重要的文化功能。利用档案创造时代的文化成果，又通过档案为后人的文化构建丰厚的历史文化营养，将文化延续下去，使人类文化自身衍生出独特的历史继承性。发挥社会各界的力量和智慧，让档案馆的档案资源和散存在民间的各类珍贵档案都能够为文化传承、社会服务发挥出应有的力量，为讲好海曙故事添砖加瓦，正是编写《曙地拾珍　再现甬韵》的初衷，这也是推动档案事业与文化事业深度融合，践行"继续推动文化繁荣、建设文化强国、建设中华民族现代文明"的新使命。

　　《曙地拾珍　再现甬韵》精选了约七十件（套）档案类藏品，其年代跨越了近一个多世纪，涉及金融、教育、商贸、交通、城建、文化、民俗、红色、名人等多个领域的档案，很多与海曙区耳熟能详的标志性建筑、海曙名人、重要历史事件息息相关。通过对这些档案类藏品的研究和解读，再现了百年来海曙区乃至宁波市发展的历程，也彰显着海曙区作为宁波市主城区的历史底蕴。

　　回首编写过程，我们深感档案工作的魅力与责任并存。《曙地拾珍　再现甬韵》的出版是档案编研工作的一次全新探索和实践，是档案工作的一个新起点。我们深入挖掘每一份档案背后的故事，并通过文字图片的形式讲好这些故事，让它们在新的时代里焕发出新的光彩。愿《曙地

拾珍 再现甬韵》这本书能够成为连接过去与未来的桥梁,让更多的人在阅读的过程中,感受到海曙的深厚底蕴与无限魅力。

展望未来,我们深知档案工作的担当与使命同在。我们将继续发挥档案"存史、资政、育人"的作用,履行档案工作者"为党管档、为国守史、为民服务"的职责,尊重历史、尊重档案,深入挖掘和整理海曙区的历史文化,为传承和弘扬海曙区的历史与文化贡献档案力量。同时,我们也期待更多的社会各界人士加入这个行列中来,共同守护好这些珍贵的历史记忆和档案资源,让档案文化薪火相传。

在本书即将付印之际,要感谢很多给予过支持和鼓励的各界友人,特别感谢李本侹先生和王天杨先生,从前期主题策划、档案藏品选定,挖掘档案背后的故事等全方位、全过程的参与;感谢著名书法家石唯辉先生为本书题名;感谢地方文史研究专家仇伯年、程健捷、陈思光、陈存琳、周国璋、孙善根、邱嗣峰、王建明、蔡文华、蔡钊斌、丁铁俊、王洁等师友,正是他们无私的帮助,才使本书档案研究、资料查找及撰写工作得以顺利进行。就让感激之情化为一纸书香,打开档案的记忆,追述曾经发生在海曙大地上的那一幕幕瞬间,一起讲好海曙故事,再现甬上风韵。

编　者

2023年11月

图书在版编目（CIP）数据

曙地拾珍　再现甬韵 / 宁波市海曙区档案馆编.
杭州：西泠印社出版社，2024. 6. -- ISBN 978-7-5508-4555-8

Ⅰ. K295.54

中国国家版本馆CIP数据核字第2024LR2585号

曙地拾珍　再现甬韵

宁波市海曙区档案馆　编

责任编辑　陶铁其

责任出版　冯斌强

责任校对　刘玉立

装帧设计　李西彬

出版发行　西泠印社出版社

（杭州市西湖文化广场 32 号 5 楼　邮政编码　310014）

经　　销　全国新华书店

印　　制　浙江全能工艺美术印刷有限公司

开　　本　710mm×1000mm　1/16

字　　数　237 千

印　　张　16.5

印　　数　0001—2500

书　　号　ISBN 978-7-5508-4555-8

版　　次　2024 年 6 月第 1 版　2024 年 6 月第 1 次印刷

定　　价　79.00 元

西泠印社出版社发行部联系方式：（0571）87243079